U0909885

卖晾衣杆的小贩为何不会倒

懂点会计很有必要

[日] 山田真哉 著　杨玲 许诺 郑心舟 张祎 译

图书在版编目（CIP）数据

卖晾衣杆的小贩为何不会倒：懂点会计很有必要 /（日）山田真哉（Shinya Yamada）著；杨玲等译．—北京：机械工业出版社，2016.8

ISBN 978-7-111-54611-5

I. 卖… II. ①山… ②杨… III. 会计学－通俗读物 IV. F230-49

中国版本图书馆 CIP 数据核字（2016）第 192427 号

本书版权登记号：图字：01-2016-4508

卖晾衣杆的小贩为何不会倒：懂点会计很有必要

出版发行：机械工业出版社（北京市西城区百万庄大街 22 号 邮政编码：100037）
责任编辑：刘新艳
责任校对：殷 虹
印 刷：中国电影出版社印刷厂
版 次：2016 年 10 月第 1 版第 1 次印刷
开 本：147mm × 210mm 1/32
印 张：6
书 号：ISBN 978-7-111-54611-5
定 价：35.00 元

凡购本书，如有缺页、倒页、脱页，由本社发行部调换
客服热线：（010）68995261 88361066　投稿热线：（010）88379007
购书热线：（010）68326294 88379649 68995259　读者信箱：hzjg@hzbook.com

 本书法律顾问：北京大成律师事务所 韩光 / 邹晓东

会计学谚语

越穷越忙

一旦公司业绩不好，大部分时间都将忙于筹备资金，比如与银行交涉还贷借贷事宜，向供货方协调延期付款事宜等。在个人层面也同样，一旦没钱了，除自己本职工作外还要腾出时间去打工，或为了赚取加班费而刻意延长工作时间，结果自己的时间自然没了。因此，贫穷的人最渴望闲暇时光。

富人不吵架

最好不要陷入法律纠纷，因为诉讼费用不容小觑。如果借出的钱未能按期返还，通过法院申请冻结对方资产也需要支付律师费及相关费用，都是不小的开支。

在所欠金额不足5万元[⊖]的情况下，诉诸法律反而会得不偿失。因此，富人会从经济合理性的角度考虑，不会陷入无意义的法律纠纷。

贪小便宜吃大亏

采购质量差的便宜货，最终也会因为卖不出去而不得不囤积在仓库。购买便宜的机器用不了几日就出故障，机器的维修费反倒会花掉大量金钱。

账合钱不合

无论财务报表做得多么漂亮，若换不来现金则毫无意义。当“有利无钱”时，尤其需要注意。

巧妇难为无米之炊

无论有多大的决心成就一番大事，若手头没有本钱便无法购入商品，无法购进原材料，一切都是空谈。无论有多么完美的商业规划，若没有足够的启动资金则毫无意义。

⊖ 为了便于读者阅读理解，本书中的日元均已按一定汇率换算成人民币元，这样读者就不必再为换算之后才能评估价格水平而烦恼了。

打如意算盘

实际卖过之后才能了解销路如何。虽然事先无法预知销售量，但可以提前确定商品单价。所以，会计学中的“打如意算盘”并非完全是空想。

时间就是金钱（一刻千金）

借款拖欠时间越久，所付利息越高。所以，绝不能浪费时间。另一方面，借款和收购企业可以分别省去筹措现金和启动一家全新公司的麻烦，所以，借款和收购企业其实就是“购买时间”。

有钱能使鬼推磨

钱可以解决任何纠纷，时刻准备好现金尤为重要。

人穷志短

业绩一旦下滑，在投资上就会变得犹豫不决，这样便会被时代的脚步甩在后面。

金银天下转

所谓的买卖就是用卖商品的钱购进商品，再卖出去获利赚钱，再购进商品，如此反复。总之一句话，经商就是金钱流转，无论是进货还是售出，如果哪个环节停滞不前，经营就无法继续下去。

吃亏是福

若只考虑如何不亏损，会很难获得利益。若想获得长久性的利益，不要在意眼前的亏损，而应该下决心大胆地去投资。

高高兴兴收现金

若顾客能用现金支付会有诸多益处，这在第3章中已有陈述。所以顾客用现金支付时最好面带笑容地接受。

库存是灾

如第3章所述，库存过多绝非好事。库存量少不仅在财务上占优势，公司也可轻松应对突如其来的潮流变化（因为可以不用想尽办法处理过时产品）。

前言

何以会觉得“会计”难

会计不易学

你读过会计入门类书籍吗？

书店里常常能看到《轻松学会计》《一读就懂会计学》《简单学会计》之类的书籍。这类书往往销量一般，而且每年都会有大同小异的新书出版。但生活中却从未听人说过会计简单。

这是为什么呢？

我想，这或许是因为写书的人都自认为写得简单易懂，但实际上读者却无法读懂的缘故吧。书一打开就是财务报表、借方、贷方等专有名词，读起来自然会觉得头大。

不过，如果不对财务报表等专有名词有一定了解，确实也很难理解会计这样一门复杂而系统的学问。

会计可以超越时间和地点限制，以同一个标准将所有公司的经营状况数据化。其中所使用的方法不仅复杂，专有名词也有上千之多。

总而言之，会计虽称不上极其难学，但也绝非一门轻松就能教会的学问。

其实我之前也写了一本会计入门书，书名为《世界上最简单易学的会计》(日本实业出版社出版)。大概是因为书中夹杂了推理小说的内容，竟卖出了5万多本，并成为会计类书籍中的畅销作品。但我个人觉得，这本书还远远称不上简单。

会计的入门书籍之所以难，就是因为我们这些写书的人都没能摆脱财务报表以及专有名词等这些会计关联常识。但又不得不说，了解一定的专业常识对学习会计来说必不可少。

可如果在入门书中解释这些专业术语的话，越解释越晦涩，必然会让读者对会计敬而远之。

那么，究竟怎样才能摆脱这个恶性循环呢?

为何要着眼于来自生活中的疑问

我为此苦思冥想。

最后，我找到的答案就是，为了不让读者对专有名词产生抵触心理，首先要激发读者对会计的兴趣，让他们大致把握会计的本质，这才是真正意义上的会计入门。

同时，这次出版会计入门书，我也下了决心，“要写出真正的会计入门书，就先抛开那些会计学常识”，并给自己制定了以下要求：

- 从我们关注到的日常生活中的疑问着手。
- 杜绝墨守成规的会计学说明以及教科书式的教学程序。
- 加入生活中也能用到的实用知识。

这就是我第一个源于“日常生活的疑问”，即本书的书名“卖晾衣杆的小贩为何不会倒”产生的原因。

本书希望通过破解日常生活中的一些谜题，达到以下两个目的：

（1）让读者基本把握会计的本质。

（2）消除读者畏难心理，将会计知识运用到实际生活中。

文豪歌德曾说过：“课本应该是生动有趣的，而想要生动有趣，就必须将知识和学问中最通俗易懂的部分展示出来。”

我也想努力创作出这样一本生动有趣而不呆板的教科书。

会计其实离我们很近

就我的经验来看，会计确实很难。虽然开窍了就会觉得简单，但想要开窍却需要付出巨大的努力。

也有学者曾说过："会计是一门在长期学习过程中逐渐通晓的学问。"

不过，我也切身感受到，**会计的本质并没有那么难**。这是因为，越接近会计的本质，就越贴近我们的日常生活。

这也难怪，会计学原本就是为了方便我们的生活而诞生的一门学问。

日常生活中的现金收支、对盈亏的判断、人生规划……会计学原理大量运用在这些与我们日常生活密切相关的问题上。可见会计并非遥不可及，它与我们的日常生活息息相关。

本书向大家介绍的就是**在现实生活中也用得上的最基本的会计学**。

虽然这里用了"会计学"这一术语，但希望大家谨记，它和学校教育中的会计学全然不同。

这是因为职业学校或大学只教授"企业会计"，而我想要介绍的则是与生活密切相关的会计学，暂且可称之为“个人会计”。

晦涩难懂的部分可跳过不读

我想问一问那些买过会计类书籍的人，你们真正读完的书有几本？

如果有买了却没读完的书，那么，买书的人不走运，那些没被读完的书也很可怜。

为了让大家能读到最后，本书加入了许多与会计无关的话题（当然这也是绕着弯子在谈会计）。

如果觉得“这一段讲得太专业，难度太大”，可以先跳过。也就是说，只阅读那些和会计无关的内容也没关系。读者硬撑着读下去，以致最后让读者对会计丧失兴趣，这才是我最担心的。

当你读完这本书后，再去翻翻不知被你遗忘在家里哪个角落的会计书吧。呈现在你面前的一定是一个焕然一新的世界。

无心学习会计的人也能从中获益

曾有杂志介绍，学懂会计就意味着“学懂了经济”“学懂了数字”“让人成功”。

我本人是在走入社会后才开始学习会计的。学习之后确实觉得自己“学懂了经济”“对数字敏感了”。(有没有成功我就不知道了……)

了解会计有百利而无一害。阅读本书把握会计的本质，一定有助于今后更进一步学习会计。即使你无心学习会计，也可以借此掌握“新视角、新思维”，获得“对数字的敏感度”等。

如果你讨厌会计，不擅长会计，或是认为学习会计毫无意义，那么这本书正是为你而创作的。因为我相信你在和会计学打交道的过程中，必将会有新的收获。

下面就让我们一起来思考第一个疑问：“卖晾衣杆的小贩为何不会倒？”

目录

第 1 章

卖晾衣杆的小贩为何不会倒

盈利的方法

“卖～晾衣杆喽～”

想必所有人都曾听到过这样的叫卖声。

不知道来自何方，也不知道要叫到哪里去，但这一叫卖声俨然已成为“晾衣杆小贩”最具代表性的旋律。

前些天偶然间看到了久违的晾衣杆小贩。仔细一想，从儿时开始，自己从未从小贩手里买过晾衣杆，也从未见旁人买过，甚至都未曾听说谁买过。不禁顿生困惑，究竟哪些人在光顾着这些小贩的生意呢？或者说，这**卖晾衣杆究竟是一个能获得利润**[1]**的买卖吗**？怎么想都不觉得这是个盆满钵盈的买卖。

本章将揭晓充满都市传奇色彩的“晾衣杆小贩”的商业奥秘，同时还将围绕“如何盈利”这一会计学最根本的理念进行思考。

开始调查

“你们从小贩手里买过晾衣杆吗？”我随即对周围的人逐一开始了询问调查。结果和预想的一样，没有人买过，而且大家都异口同声地告诉我，都是走街串

巷的小贩，买过烤红薯，买过豆腐，还买过蔬菜，唯独就是没买过晾衣杆。

当然，要说起来烤红薯、豆腐、蔬菜等，都属于食品类，和这晾衣杆是八竿子也打不着。通常人们在看到烤红薯时都会萌生“好馋好想吃！”或“正好拿来当零食！”等念头，往往一冲动也就买了。但当人们面对晾衣杆时却很难萌生“好想晾衣服”，或“正好用它来晾今天洗的衣服”的念头，更不会因为冲动去购买。

两大困惑

笔者最困惑的是为什么商贩们会选择卖“晾衣杆”？除晾衣杆外还有很多的选择，不是还可以卖晾衣夹、锅、烧水壶，甚至卫生纸吗？生活必需品中，除晾衣杆外有太多的物品都可以成为商贩走街串巷叫卖的商品。

要说起来，像晾衣杆这种东西也就是在搬家时会买一次，之后很长时间都不再需要购买。不会说一年必须一换，更或者像奥运会那样四年要举办一次，买一根晾衣杆通常就能用上十来年。

大家都可以想象一下，自己一辈子究竟会需要购买几次晾衣杆呢？

不言而喻，晾衣杆作为一种商品，需求量极低，它和一般家庭日常需求的豆腐、蔬菜等截然不同。

即使家里的晾衣杆突然间折了而必须马上买新的，也不会有人不慌不忙地候着晾衣杆商贩开着卡车来到自己家门口卖晾衣杆。

这是因为人们能预想到商贩并非及时雨，不可能在这种紧要关头刚好路过自己家门口。不走运的话甚至可能等上三五年，就算运气好，小贩碰巧出现，也未必一定能叫住他们。

所以在这种情况下，过去人们一般会去附近的五金店，现在则会驾车去超市或杂货店购买。可也怪了，为何小贩还是会大白天开着卡车走街串巷地卖晾衣杆呢？

难道其中有让顾客等上多少年都心甘情愿的实惠吗？好像也没有，最多也就是能省去搬运晾衣杆的人力物力。

在此先归纳出如下两个问题点：

（1）晾衣杆作为商品基本没有需求。

（2）也没有要特意从商贩手中购买的好处。

晾衣杆小贩的财务报表

作为常识，人们都知道，如果不存在需求就没有回报，那么买卖也就不能成立。世界上大多数的买卖都是因为有需求也有利可图，而且最终也能获得利润所以才能够延续下去。

那么在现今时代，晾衣杆小贩那“卖晾衣杆喽～”的叫卖声仍然能够响亮地回荡在街头巷尾又是因为什么呢？

对此我们只能很无聊地胡思乱想：这些小贩其实是间谍，他们醉翁之意不在酒，定然另有企图。

审计[2]工作在预判一家公司是否会倒闭时极为重要。因此，面对“卖晾衣杆的小贩为何不会倒”这一有趣的现象，作为一名**注册会计师**[3]（本书中也称为“审计师”）无论如何也要好好地研究一下晾衣杆商贩们的**财务报表**[4]。

企业经营的大前提：持续经营

不仅限于晾衣杆买卖，应该说，企业经营的大前提即在于长久生存。用会计学的术语来说即“持续经营”（going concern）。要实现持续经营则必须要盈利，没有盈利，一切无从谈起。

至于为何持续经营是企业生存的大前提？这一问题很难回答。如果硬要找一个答案，我想可以解释为企业也是一种被称为“**法人**”[5]的“人”。对于一个“人”来说，生存是前提，其次才是为了维持生计而去勤劳地赚钱、存钱。企业亦然，即使有事故发生，即使公司经营者身亡，公司仍然要经营下去，仍然要将获取利益作为自己的使命。

一个人与一个企业的生存所不同的是，获取**现金**[6]的多少是衡量人生活水平的尺度，而衡量企业经营状况的尺度则是获取多少利润。对这一点或许有些人很难理解。

但这决不意味着企业不需要现金。这一点从所有大的企业都会使用**现金流量表**[7]来记录现金出入状况就能说明。

然而，利润之所以能成为衡量企业生存指标的重要原因在于，即便没有现金，企业也能够维持运营。

例如，企业可以不使用现金而用**赊账**[8]的方式买

入商品，或是签发票据[9]进行交易。只要拥有未来能盈利的工厂和设备，那么交易对方就会愿意接受延期付款。因此，企业在没有现金的情况下同样可以正常经营。

总之，现金不是衡量企业经营状况的唯一指标，而利润则是在综合考虑了现金流动、赊账、票据、工厂设备投资等的基础上计算出来的“会计学上衡量盈利的指标”，因此，在衡量企业运营状况时，利润是一个非常重要的概念。

下面言归正传。

晾衣杆小贩真的有利润可赚吗？

通常，没有需求则商品很难卖出去，而卖不出去便意味着没有销售额（营业额或收入）[10]。另一方面，运费、燃油费、人力成本等各种开销[11]是无法避免的。

拿烤红薯小贩来举例，由于人们对烤红薯有一定需求，所以能预测会产生一定销售额。如果销售量大的话则可以降低进货费用[12]，以达到薄利多销。这种方式虽不能带来巨大的利润，却足以能使小贩维持基本生活。

但是，晾衣杆小贩究竟是如何盈利的依然让人摸不着头脑。最不可思议的是，这晾衣杆小贩的生意多年来长盛不衰，而且遍及全国各地。

既然遍及全国，就意味着这绝非是有钱人图个兴趣嗜好而搞的游戏，其中必定隐藏着能盈利赚钱的玄机，因此才会有如此多的商贩都采用同样的销售方式在经营这个买卖。

这实在是个值得研究的充满玄机的谜题！

利润＝收入－费用

然而，虽然知道它是一个谜，但却怎么也破解不了。因此我想先在此提出两个很现实的假设。上面也曾提到例如“营业额（收入）”“费用”“利润”等会计学术语，在做出假设前，先做如下归纳。

- 利润＝收入－费用。
- 利润是企业持续经营必不可少的因素。

由此可知，任何买卖想要成功都只有增加收入，即增加营业额，或减少费用这两个办法。

在此基础上可以做出如下两个假设。

假设 1：晾衣杆小贩其实收入很高。

假设 2：晾衣杆小贩其实进货费用很低。

晾衣杆小贩盈利的玄机

首先对假设1进行验证。经过跟踪调查了解到小贩们在销售晾衣杆时的一种方式。以下是一位大妈（简称为A）的亲身经历。

大妈A家的晾衣杆已经破旧不堪，正当她想买一根新的晾衣杆时，晾衣杆小贩的车刚好经过她家门口。她叫住了货车打算购买叫价为“50元两根”的晾衣杆。

当大妈A从钱包里取出50元钱的时候，从车上下来的小贩对她说道：“50元两根的晾衣杆确实不错，但我更建议您买250元一根的，给您便宜点，两根400元如何。”大妈A一心动买了250元一根的高级晾衣杆，因为想，哪怕贵一点，只要耐用也值。

然而，故事到此并未结束。晾衣杆小贩又接着说：“我给您拿到院子里装上吧。”大妈A同意了。当小贩来到院子里看到大妈 A 家晾衣架底座时又说道："您这晾衣架底座都已经彻底坏了，再用的话会很危险。难得买了这么好的晾衣杆，用这个底座的话要是架子一倒摔折了不就可惜了吗，要是刮大风的话还可能会倒下砸到人呢，最好还是赶紧找人修修吧。"

听了小贩这一连串的话，大妈 A 觉得很危险很不安，便问："那该怎么办呢？"小贩接着回答："我认识专业的修理商，我替您叫他们过来吧。"

这一来谁能想到，晾衣架底座的修理费竟高达 5 000 元！不用说，大妈 A 自然是被儿子和儿媳妇狠狠地数落了一顿。

抬高单价

从这个故事我们知道，小贩表面是在销售 50 元两根的廉价晾衣杆，但实际上是在通过销售更高利润的商品来赚钱。在上面的故事中，所谓的高利润商品一方面指的是 250 元一根的高级晾衣杆，但更包括那 5 000 元的修理费。

250 元一根的高级晾衣杆不一定真值这个价格，进价估计也不会很高，而且可以肯定的是，5 000元的修理费里一定包含了付给晾衣杆小贩的回扣。也就是说，即便商品几乎没有需求，只要抬高商品单价，销售额就会高，那么最终就可能获取高额利润。

从会计学角度来看，抬高单价确实是一个行之有效的好办法。

曾经在整个汉堡行业都陷入低潮时，最先采取的应对措施就是提高特价汉堡的单价以及大力宣传豪华汉堡。由此可以看出，**抬高单价是恢复业绩的一个最为简单的手段**。

结论1：晾衣杆小贩是通过抬高单价来提高营业额的！

当然，并不是所有晾衣杆小贩都如此阴险狡诈。这只是一个个别的案例。

还有很多晾衣杆商家并非通过抬高单价在做买卖（这类商家是主流），希望大家不要误解。

据报道，“很多商家以威逼利诱的手段将晾衣杆以市场价10倍的价格强行卖给一些老年主妇”，曾有商家因犯此类商业欺诈罪而被逮捕。

卖晾衣杆只是副业

接下来对上面的假设2进行验证。关于假设2也有这样一些相关消息。

有人曾直接问过晾衣杆小贩："你们平时都在做些什么？"小贩回答说："我们家就在那条商业街，开了一家五金店，当然，也有很多顾客到店里来买晾衣杆，但基本上都会要求送货上门，这样一来还不如我们直接出去走街串巷卖得更快呢。"

搞了半天，走街串巷地叫卖晾衣杆这一行当其实并不真的存在。好像还有些五金店是在给顾客送货时顺便经营着叫卖晾衣杆的生意。

由此来看，卖晾衣杆只是店家在其工作的空闲之余顺手一做，因此几乎不产生额外的人力费用，而且运费、燃油费也都是蹭着主营业务的费用在走，因此可以说额外的成本费用近乎为零。

而且要说起来，这买卖里所谓商品的晾衣杆原本就是自家五金店里的商品。因此，如果聚焦"晾衣杆买卖"分析就会发现，商品都是从店里直接拿来的，所以进货费用也近乎为零（也不排除订购时多订购出大

于店面销售量的晾衣杆专门用于走街串巷……）。

卖晾衣杆本身就是副业而非主营业务，所以即便一根都卖不出去也没什么损失，而如果能够卖出去那自然是再好不过。

曾亲眼看到过晾衣杆小贩在车上用大喇叭喊着“卖～晾衣杆喽～”，那车的速度快如一溜烟从眼前飞驰而过。

就算没什么客源，但作为买卖，恐怕这种行销方法也实在让人不可思议。好在现在终于明白了。当时那小贩的车快速飞驰或许并非是为了卖晾衣杆，而是心急火燎地想尽快回到店里做他的正经生意！正因为是副业，行销手法才能如此洒脱极端吧。

卖多少赚多少

换句话说，这晾衣杆买卖其真正的玄机就在于它是一项没有**初期投资**[13]的副业。走街串巷叫卖时如果有顾客光顾就都是赚，而且还可以顺便向顾客宣传商业街里自家的门店生意。

这简直就是一个一石二鸟的副业。就是因为每家五金店都会采取这样的经营方式，所以叫卖晾衣杆的生意也才得以遍布全国吧。

上面也曾提到，想要获取利润只有两个方法，一是提高销售额，二是减少费用。

从这点来看，走街串巷的晾衣杆商贩或许收入没有增长，但由于费用几乎为零，所有的销售额就几乎都是利润，这样的买卖不能不说它的确很诱人。

结论 2：走街串巷的晾衣杆商贩其实是一个没有成本的副业！

从晾衣杆看买卖的本质

在本章中，我们从解开晾衣杆小贩赚钱的玄机着手，围绕“如何才能获利”这一买卖中最本质的问题进行思考。这一问题非常重要，也是学习会计学思维模式的基础，希望大家务必掌握。

再总结一次，即想要获取利润只有以下两个办法：

- 增加收入。
- 减少费用。

虽然略显重复，但想强调的是，掌握这一知识，于你将百利而无一害！

市场上充斥着各种教读者如何赚钱的书，若将它们分类的话，也大致不外乎上述两种思维模式。

比如畅销书《富爸爸穷爸爸》就代表着这样一类书：呼吁人们通过股票和房地产实现**收益**[14]的不断增加，体现了“增加营业额”的思想；《捡黄金羽毛，变成有钱人》则主张“缩减不必要的成本”“通过节税及节约削减**开支**[15]”，即体现了“减少费用”的思路。

尽管关于赚钱方法的书不计其数，杂志等出版物也都热衷于不断推出如何成为富豪的专题栏目，然而说到底，赚钱的方法其实非常简单——只需着眼上述两种方法即可。

先不说卖晾衣杆的小贩是有心还是无心，其采用的这种经营方式可谓是恪守了生意经中最根本的原则。正因为如此，小贩略显土气的叫卖声才能在全国各地长久不衰，即所谓实现了“持续经营”。

会算计的人多为“吝啬鬼”

如果希望盈利的主体是个人而非企业，那么“增加营业额”和“减少费用”，哪种方法更容易实现呢？

要“增加营业额”，可以在目前的工作岗位上努力奋斗、出人头地以增加“**收入**”[16]，或者在周末谋一份兼职等。然而，这需要花费更多的时间和精力，会使人筋疲力尽。

此外，大街小巷时常会有“主妇也炒股，月赚一万五”“玩转联盟营销（在中国，可理解为玩转微商），足不出户躺着赚大钱”等投资广告，然而要实际着手该类投资并一炮打响，需要异于常人的努力和运气。可见真要动真格就远非如此简单。

如上所述，**要想简单、迅速获利，“减少费用”是较为明智的方法**。

节约饮食开支、减少休闲游乐、选便宜酒过过酒瘾、当无车一族、住廉价房……如果能像上述这般时刻践行“减少费用”的理念，那就肯定能够“创造利润”。

人们将这类人称为“吝啬鬼”。一般来说，“吝啬鬼”多被人鄙夷、否定，然而从主张“盈利”的会计目的论角度来看，“吝啬鬼”的行为却是最合情合理的。

老实说，我也是一个“吝啬鬼”。行为标准非常单一，即“选择便宜”，这是一个极为简单便捷的行为标准。

举例来说，当考虑晚餐去居酒屋、餐厅还是其他地方时，我会毫不犹豫地选择便宜的快餐面店或牛肉盖饭店。因为要花很多钱去吃一顿饭的选项从来都不在我的考虑范围内。

再拿买电脑来说，我一开始就会锁定SOTEC（生产低价位电脑的厂商）的产品来考虑。手机不用说也是“1元购”等套餐配备的低价商品。我对最新款和名牌产品毫无兴趣。

即使这样，我从未觉得“小气”是件痛苦的事情。“小气”生活、“小气”处世，其本身就充满乐趣。

节约应考虑“绝对金额”

可惜享受“小气”的时光随着我单身时代的落幕也戛然而止。

结婚后，我的妻子虽不是喜爱奢华、大手大脚之人，然而却十分不赞同我的“小气”观。

如此一来，我便意识到，总有一天两人会在购物方面产生分歧，爆发一场论战。

于是我开始思考解决方法。

“不干预金额在500元以下的购
因，我认为“**节约应以绝对金额来衡量**”。
够实际做到这一点，那么夫妻间的争吵次数也
大幅度减少。

那么什么是“以绝对金额衡量节约”呢？我们来看以下事例：

（1）花25元买入50元的商品。

（2）花5万元买入5.05万元的商品。

以上两个事例中，究竟哪一个更为划算呢？

首先来分析“花25元买入50元商品”的情况。从表面上看，消费者好像获得了2倍的优惠。换算成比例来看，确实相当于50%的折扣。

与此相比，在“花5万元买入5.05万元商品”的情况下，商品降价幅度仅为1%，且价格由5.05万元降至5万元，从金额上看也无较大变化。

然而，在这种情况下，希望消费者能够静下心来认真思考——5.05万元到5万元可是优惠了500元！和500元相比，之前的25元几乎可以忽略不计。

也正是因为这个原因，我从此决定对500元以下

的购物置之不理，而对较大金额的开销会进行干预。

综上所述，削减开销不应以百分比来计算，而应以绝对金额来衡量。

积土不成山，积少不一定成多

如果消费者对于金钱没有上述的认识及原则，那么在购买大额产品时就会很简单地认为“5.05 万元和 5 万元也没什么差别，就按照店里的建议来吧”，从而很容易被商家牵着鼻子走。

这同时也解答了为何当人们在购房或办婚礼时，开销总会像滚雪球般越滚越大这一问题。房地产商和婚庆公司不断说服消费者说“买房是一辈子的大事”“婚礼一辈子也就一次”，于是消费者也无形中不由得开始认为“也就奢侈这一次”。然而有趣的是，越是这种人，**越是会在超市购物时拼命节省 1 元或几元**。

我的论述可能会引起有些人的反驳：“每天节省 1 元、几元很重要。不是有句话叫‘积土成山，积少成多’吗？”

…细算一下即使每天节省 1 元，一年……。远不如一年中一次性节省 500 元来得更……。

此外，还有人主张“平时节俭惯了，偶尔也想奢侈一回”。这种想法其实非常“危险”。

举例来说，如果每天节省 5 元，偶尔一次性挥霍出去了 2 500 元的话，那么具体就相当于：

5（元 / 天）× 365（天）−2 500（元）= −675（元）。

很遗憾，如上所示，结果是一个负数。可见这种人其性格决定他很容易亏损，不适合从事企业经营工作。也就是说，**这类人只是自以为在节约，却没有想到从会计的角度来看问题**。

性价比之说不可信

或许有人会针对我“以绝对金额衡量节约”的主张进行反驳，说：“那只要注意考虑性价比不就可以了？”这里所说的性价比指的是在消费中，人们往往期待能购买到价格与价值相符的商品。

我不否认该观点的正确性，然而我想补充提醒一句，这一观点的正确性也仅存在于你真正了解了商品性价比的前提下。

对于我们经常光顾的超市里的商品，当它打折时我们确实能够判断“这个商品价格比平时便宜，很划算”。

然而，诸如家用电器、珠宝饰品等平常基本不消费的商品，我们何以判断其性价比高低呢？很多人都只是在盲目轻信导购员口中的信息罢了。

比如，某商家为推销洗碗干燥机，在店门口张贴广告，称该机器“每年可节约 4 000 元的水费”。导购员也频频向消费者宣传其节水功能。

在商家的不断宣传下，人们都会认为：“如果一年能节省 4 000 元的话，那么现在花 4 000 元购买这台机器则意味着 1 年不就能回本了吗？”这种想法的确没错。

然而，很多人都不知道的是，洗碗干燥机和电饭锅、微波炉一样，属耗电量较高的电器。这也难怪，在家电领域里，导购员是有限的信息的源头之一，他们自然不会将这种负面信息透露给消费者。

电力消耗会使电费增加。过高的电费会

节约下来的水费，节水也会变得毫无意义。

京电力公司的网站主页也曾公布过相关实验结果，其结论是：从总的成本来看，使用洗碗干燥机洗涤餐具与手洗并无很大差距（据说因个人习惯不同，同样手洗，差别很大）。

也就是说，**如果无法确保信息的全面和完整，那么也就不可能评估出真正的性价比**。

不被会计蒙蔽双眼的方法

会计既可以让人心悦诚服，也可以让人落入陷阱。就像上述洗碗干燥机的事例一样，“4 000 元”这个数字既能让人信服，也能蒙蔽消费者。这也正是我们作为个人，必须学会和运用好会计学知识的原因所在。

在面对洗碗干燥机等自己不太了解的领域时，我们需要立足于我们能看得到的一些信息进行直观的分析和考量，例如针对洗碗干燥机，我们应该首先在“能节约时间”，但同时也会“极大占用厨房空间”两个要素间衡量。换言之，**我们在考虑取舍时大胆地**

“屏蔽”那些广告数据也很重要。

我再给大家介绍另一个规避会计陷阱的方法。

这个方法就是，我们需要对自家的开销情况有一定了解，这是最有效的防御措施。

例如，我家一直是手洗餐具，每月水费大约 40 元，一年水费算下来大约是 480 元。

那么，如果购入洗碗干燥机就真的能使我们家一年的水费减少 4 000 元吗？显而易见答案是不可能。我们难以想象一年的水费开销仅仅只需要 480 元。

换言之，如果对自家的水费开销情况了如指掌，就不会萌发“哦，是吗？一年的水费能节省 4 000 元呢”这种单纯的想法了。

第 1 章小结

企业经营的大前提即在于长久生存

- 会计学术语称之为“持续经营”(going concern)。
- 要持续，靠“利润”。

“利润”为企业经营的重中之重

- 有时，企业没有现金也能生存。
- 利润不仅包含现金，同时也是在综合考虑了现金流动、赊购、票据以及工厂设备投资等基础上计算出的“会计上的盈利指标”。
- “收入”减去“费用”就是“利润”。
- 增加利润无非两种方法：

  ①增加收入。

  ②削减费用。
- 相比“增加收入”，“削减费用，即节省开支”更为明智。

怎样通过节约“创造利润”

- 从“创造利润”这一会计学目的来看，“吝啬鬼”的行为模式最为合理。
- 节约不应以“百分比”计算，而应以“绝对金额”衡量。
- 若不参考相关会计知识，将会发生“节俭”上的有

心无果。

- 如果无法确保信息的完整与全面，那么也就不可能评价出真正的性价比。
- 不被会计蒙蔽双眼的方法：

  ①大胆“屏蔽”宣传数据。

  ②充分了解自家的开销。

第 2 章

郊外住宅区里高级法餐厅的经营之谜

多样化经营

充满不解之谜的神秘餐厅

我家附近有一家法国餐厅。

要说明的是，我家并非位于市内某繁华街区或商业街，而是位于郊外的某住宅区，从市中心乘电车需 1 小时，出站后还需步行 10 分钟。该住宅区的居民主要以工薪阶层为主，这样的住宅区日本各地随处可见。然而就在这样的一个住宅区的正中央，突然有一天出现了一家法国餐厅。

提到法国餐厅，大多人都会联想豪华奢侈的店面。然而这家餐厅却坐落于一栋普通公寓的 1 层，外部装潢也极其简单朴素。乍眼望去根本猜不出是家什么店，走近了才能看到门口贴着菜单，也才能恍然大悟："哦，原来是家法国餐厅！"

紧跟着让人吃惊的是菜单上菜品的价格："哇，这么贵？！"顿时让人望而却步。套餐价格最低 500 元起，还有 750 元、1 000 元以及更贵的。

那生意是否很兴隆呢？完全不。因为餐厅离我家距离较近，常常要从店门口经过，我完全没有看到过顾客出入。不由得让人很担心："不会倒闭吗？"但完全没有要关门大吉的苗头。不仅如此，听附近居民说，这个餐厅都已有四五年的历史了。

虽然和卖晾衣杆的小贩没有可比性，但为什么它也同样能够持续经营呢？我完全一头雾水。

上面的铺垫有些过长了。本章将在解析“郊外住宅区里高级法餐厅”成功经营的奥妙所在的同时，和大家一起探讨“多样化经营”这一经营模式。二者有何联系呢？读者或许摸不着头脑，这也是我在下文中将要给出的解答。下面还是先来解开法餐厅的经营秘诀吧。

多重不解之谜

先来梳理一下这家法餐厅的多个不解之谜吧。

首先，餐厅的选址让人不解：“为何在住宅区内会有法餐厅？”

如果餐厅位于市中心或别墅区这样一些高级住宅区内也还情有可原，但我居住的地方不过是随处可见的最普通的郊区住宅区，且远离车站，附近也没有什么店。不要说商业街，连面包店、蔬果店和便利店都

找不到。在这样的一个居民区里，孤零零地就这么一家高级法餐厅，着实让人不解。

此外，餐厅也没对着大路，也不能像普通餐厅和快餐店那样招揽驾车路过的顾客，甚至连个停车场都没有。

选址让人费解也就罢了，价格就更让人困惑。通常来说，因为比不得市中心法餐厅的地段，一定会以低价位来招揽顾客，但完全不是，和市中心法餐厅的价格不相上下，甚至可能还要高一些。如果两个人去用餐，再喝点红酒的话，很轻松就能花到上千元。

然而，无论选址好坏、价格高低，只要是味道极佳、口碑极好的餐馆都能吸引大批顾客。现如今，即使地处穷乡僻壤、距离市中心几小时行程，一家口碑好的拉面馆也照样吸引大批食客蜂拥而至，排队光顾。但我从未听说过这家法餐厅好评如潮，也未见它在哪档电视节目或杂志上被宣传过。

如此说来，这家餐厅似乎完全没有客源。周围没有办公大楼，上班族不会跑来吃午餐。而且价格又这么高（午餐起价 150 元），一般人根本无能力消受。那会不会是那些有钱阔太太们经常光顾的地方呢？但我也从未在家附近见到过什么阔太太们。

就是这么一家餐厅，家庭聚餐呢，又太贵；生日或特别纪念日什么的想去吃个法国菜吧，好像也没有人会选择这样一家名不见经传的餐厅吧——说起来**价格不便宜，交通也不方便，甚至口碑如何也都不知道**。

商业的原则：等价交换

做买卖有做买卖的原则，那就是等价交换，物有所值。

举例来说，在十元店购买的商品即使很不耐用，估计你也不会特意跑去店里投诉吧？因为大多消费者都会想“反正也就十元，坏了就坏了吧”，也就由此放弃了。

然而，如果商品价格不是十元而是几百元的话，或许情况就不同了。估计消费者会很愤怒地跑到店里去跟商家理论：“花好几百元买的东西，为什么这么劣质？！”

上述“反正也就十元”“花了好几百元”这两种情

况，其中隐藏着商业的根本原则，即我们消费者通常都是在判断出自己购买的商品与自己付出的金钱等值的前提下才会出手购买商品。也正因为此，即使同样出现了“买了还没怎么用就坏了”的情况，消费者的反应却可能完全不同。

“等价交换”指的是“**交换价值相同的物品（现金、商品或服务）**”，这是一个合情合理的原则，如果无视了它，那么买卖将难以顺利进行。

回到刚才的话题，去高级法餐厅用餐的顾客也无一不在评估餐厅提供的菜品、服务等是否符合定价。价格越高，顾客的要求就越严格。因此，顾客云集的餐厅都会有它的优势，比如名厨掌勺、夜景美丽，或菜肴美味无比等。

这样的餐厅通常都位于市中心，且专门到市中心的某家名店就餐这样一个行为本身就有着一种类似活动或者仪式的价值。

因此，坐落在郊外住宅区的高级法餐厅就好像是高档商业街上的十元店，这种经营方式可谓完全无视了商业基本原则。但它仍然持续营业了好几年，不由得让人困惑。

好奇心驱使下的探访

一天，我终于下定决心亲自去探访这家神秘的高级法餐厅，而且我选择的不是午餐，而是晚餐。想到要花费我数百元去解开困惑，真有些觉得自己就像打了败仗似的十分不甘心。但**作为一名专业审计师，我实在不能不关注这家餐厅的经营方式**。

一进入餐馆，发现店里还没有顾客。我想或许是因为时间还早吧。我环顾店内装饰，意外发现装潢十分考究，高高的天花板、玻璃墙隔开的开放式厨房、排列整齐的瓶装葡萄酒、轻轻摇晃着的蜡烛吊灯。我走在光滑锃亮的地板上，鞋跟与地板间碰发出清脆的响声。“这家餐厅的日常维护可是一笔不小的开销！”虽然事不关己，但我还是不由得对餐厅的经营杞人忧天。

最重要的是晚餐菜肴如何呢？据说餐厅全部使用有机蔬菜，所以味道确实很好。但虽说美味，也没有到让我感叹不已并向周围人宣传推荐的程度。

原本是为了解开自己的困惑来的，却越来越困惑了，甚至开始猜测“这家店该不会就是为了店主的一个喜好开的吧”。就在这时，有两名顾客走了进来。

我用眼角的余光观察了一下，两名顾客看起来像是家庭主妇，而且好像和餐厅的酒侍交情甚好。“莫非是熟人？”满腹狐疑的我在用餐间隙起身去了趟洗手间，竟然在洗手间墙壁上发现了我所有困惑的“答案”，一切疑问瞬间烟消云散了。

> **人气教程，机不可失！**
>
> 法国菜培训班，主厨亲自授课
>
> 红酒培训班，红酒师亲自指导
>
> ——第 13 期学员招募通知

“就是它！原来如此！”

“高级”自有其理

一切困惑烟消云散，我终于恍然大悟。

法国菜培训和红酒培训都是每月一次，学费 500 元左右。作为一个培训班的费用来说有些偏高，但却很容易吸引学员。

开课日为每周三，学员每班定员为 10 人。法国菜和红酒培训分别开 2 个班次。这样，从店方角度来看，每周都安排有课程。简单计算一下即月收入为：10（人）×4（个班）×500（元 / 人）= 20 000（元）。

同时，学员入会时须缴纳入会费 750 元，如此一来，店方可收得 10（人）×4（个班）×750（元 / 人）= 30 000（元）。由于这笔入会费不存在任何经费支出问题，因此 30 000 元都成为餐厅获得的纯利润。如此看来，作为一个买卖，这个运作就足以能够成立了。

而且这类培训班的目标群体是下午空闲时间较多的主妇们，所以培训课只需要开设在午后到傍晚之间即可，这也恰好错开了餐厅主要经营时段的午餐和晚餐。

此外，培训班设在餐厅店内即可，不需要另租教室，也避免了场地费用；而且讲师就由店里的主厨和酒侍担任，也减少了人员开支。

当然，通过开培训班可以扩大餐厅的顾客圈，积攒人脉，还有可能吸引学员带着自己的亲朋好友前来

用餐。如此想来，上面提到的两名顾客极有可能就是培训班的学员，所以才会和酒侍很熟络。

同时，由于学员多为附近居民，也不需考虑交通是否便捷，所以即使店开在远离车站和商业街的住宅区也都可以。

再进一步说，在这个经营模式里，“高级”的定位反而是个卖点。比起到价格便宜、服务半吊子的餐厅学做法餐，人们会更愿意去高级餐厅接受培训，既能让顾客觉得物有所值，还会给人很上档次的感觉。因此，经营者不需要刻意将餐厅经营成平价法餐厅，价格即使较高也无所谓。

换句话说，这家餐厅的经营秘诀与市中心那些靠口碑吸引顾客的高级法餐厅完全不同。

多种业务结合考量

主营业务为法餐厅，顺带经营法餐、红酒培训。餐饮业和服务业，看似完全不同的两种商业形态，但这家餐厅能实现持续经营的奥秘也正是在于它将两者成功结合在了一起的缘故。

也就是说，**无须完全依赖于主营业务，如果能依靠辅助业务或其他业务盈利，生意就能够一直持续**。

但是有一个问题也需注意，无论辅助业务多有赚头，如果抛弃主业只做副业，只能说是本末倒置。如果只靠法餐培训和红酒培训为生的话，估计这家店也早就关门大吉了。

其原因就在于，正因为有“高级法餐厅主厨和红酒师做讲师”的宣传做噱头，顾客才会很愿意掏钱来接受培训。

我们可以就此总结，**不能将主营业务和辅助业务分割开，而应该将它们密切关联起来考虑**。正因为有主业，副业才能成立；反之，正因为有副业，主业才能长久。两者只有唇齿相依才能产生协同效应。

例如，如果一家法餐厅发现仅凭餐厅业务难以为继，于是策划在每周末将其改为经营拉面，又或者因为店里反正有钢琴，那平常日子就顺便办个钢琴培训班等。如果相互结合的业务过于分散的话，显而易见，结果将是怎么做都不顺，而且两种业务都将会失败。

在会计学中，将主营业务和辅助业务结合在一起

考虑的经营理念被称为“多样化经营”。

成功的企业都在“多样化经营”

说到“多样化经营”，我们经常会听到一个词叫“**合并财务报表**”[17]。在此我们将分析“多样化经营”，尤其是指“密切结合主营业务来经营辅助产业”的多样化经营理念。

举例来说，日本的铁路公司都会在铁路沿线建设住宅区或游乐园，目的即在于吸引更多乘客。其实这就是典型的“多样化经营”模式。东京急行电铁、小田急电铁、名古屋铁道、阪急电铁、西日本铁道等日本全国的私营铁路公司都会在线路终端站建百货店，也是为了争取使这些来购物的家庭也能成为电车、地铁的客户群体。

此外，像乐天及活力门（Livedoor）等网络服务商也积极收购证券公司。这不仅是因为网上股票交易日益活跃，能使企业盈利，更是因为它们看到网络投资家们可能会同时利用公司主营的网络，所以想借此实现协同效果。

新日铁制铁公司旗下的“新日铁住金软件”（NS

Solutions）是一家主要面向金融机构及国家机关的大型系统集成公司。乍看上去“铁”和“软件”毫无关联，然而新日铁事实上却拥有着源于“铁”的高尖端信息技术。

炼铁时，需要用几千度的高温在高炉中将原料熔化，要对此过程进行管理，肯定是无法靠眼睛直接观察高炉内部情况来进行，虽然过去都是由炼铁工人根据经验感觉来进行判断，但现在靠的是尖端的信息系统技术。尤其是高炉一经点燃，要在几年内全天候持续运作，信息系统的安全性就更加需要保障。

这项由炼铁衍生出的技术正好契合了那些对信息系统安全性要求高的部门的需求，所以金融机构以及国家机关才会采用。

因此，**企业需要时刻思考“对于本公司来说什么样的辅助产业能够带来更大的协同效果”“运用自己的优势技术能开辟出怎样的新型业务呢”等问题。**这种思维方式其实和法餐厅将法餐、红酒培训作为辅助业务异曲同工。

观察我们身边也不乏这样的事例。在学校等公共设施都会有自动售货机。这不单是为了给人们提供服

务和便利，同时也会给机构带来一定的收入。如此看来，这也算是一门巧妙的辅助产业。

“周末创业”也是“多样化经营”

藤井孝一曾提出著名的“周末创业”概念，即不辞去公司工作的同时，利用周末经营公司的创业形式。这种形式在本质上也体现了多样化经营的理念。具体而言，即发挥自己的知识、兴趣，或在某方面的优势强项，来经营网店等副业。

一旦做起来，人们自然愿意越赚越多，某种意义上来说，这既是主业也是兴趣所在，所以能一直做下去。

如果周末或晚上做的是一些和主业或兴趣爱好毫无关联的兼职，那必然没有乐趣，也一定会有很多压力，很难长时间坚持下去。

很多人都想成为小说家。先不说那些有明确创作题材的人，如果“不管三七二十一，就只是想写小说”的话，就算马马虎虎写出东西来了也不会有出版社采用，即使出版了也肯定卖不出去。

但如果自己在家用电器专卖店工作，对行业内部情况、顾客意见、家电相关知识等都较常人更了解，那么如果能写一本和自己职业相关，又能发挥自己优势的书的话，必将能成为一本充满作者真实观点，又充满原创性的好书。

同样都是写小说的话，那就创作与自己主业相关的作品，会更加富有说服力，这同时也有助于自己从客观的立场来重新审视自己的工作。这无疑也体现了协同效果。在处理会计工作时我也会经常想，“对呀，这个案例可以用作小说的素材”。

相信在大家周围也存在着很多能成为你副业的潜在要素与条件，关键是务必请大家记得用“多样化经营”的思路来思考问题。

玩转股票投资的方法

或许有人会说，我没有开网店和写小说的才能。没关系，这样的人也能迅速开始你的副业，那就是股票投资。

或许你会想，股票投资不过是赌博，和自己的知

识以及兴趣爱好毫无关系。然而请大家想一想，在自己从事的行业内，我们不是都能感觉到“这家公司有潜力”“那家公司快不行了”吗？在我们的日常工作生活中不是经常能获取到类似的这些信息吗？

没错，**大家可以发挥自己工作的有利条件来挑战股票投资**（有一点需要提醒的是，在投资自己公司股票时务必注意避免“**内幕交易**”[18]。

不是自己从事的行业也没关系，也可以选择自己感兴趣的行业。

例如，喜欢看电影的人可能对电影发行公司的业绩感兴趣吧？飞机迷的话，阅读航空公司的信息也会觉得兴致盎然吧？

不仅如此，购买电影发行公司以及航空公司股票的话，还能在**分红**[19]时拿到电影或机票优惠券，可谓一石二鸟。

学生的话，可以利用在求职活动中获取的信息进行股票投资。我在求职时，就是因为充分研究了最想去的行业的情况，所以自认为已具备能辨别“有潜力的公司”和“没有潜力的公司”的能力（当然，最后自己是从自以为“最有潜力的公司”辞了职）。

如何实现“低风险、高收益”

在开始辅助业务、股票投资前，希望大家能注意一点，即“低风险、低收益”和“高风险、高收益”的投资理念。确实，在金融领域，这一理念在通常情况下是真理。

然而，现实世界通常不会总合逻辑，因此“低风险、高收益”“高风险、低收益”的情况也会存在。**优质企业的目标必定都是“低风险、高收益”**。

具体来说，例如企业希望发挥本公司擅长的领域或进军相关领域时，自然目标是获取高收益。但同时为了确保低风险，通常会在限定预算上限的前提下再投入资金。这样一来，即使投资失败也可以将损失控制在预算范围内，降到最低。

限定预算的方法也值得个人借鉴。当你在投资副业时，也应该在投资前先明确限定预算，将投资活动限定在预算范围内。

很多个人投资者在投资当中陷入困境大多都是因

为投入资金超过了当初的预算。企业如果投资超过预算时，会有管理部门和其他部门的相关人员不断提醒和反对，所以企业很难一口气投入过多资金。个人投资却没有限制，因此风险极大。对于喜欢冒险的人来说也许无所谓，但如果破产就会祸及他人，我则不主张这种冒险行为。

综上所述，**“低风险、高收益”是指在擅长的领域内进行预算内的投资。**

多样化经营中也蕴含了同样道理，即主营业务才是关键，没有必要让辅助业务承受过高风险。

第 2 章小结

商业的原则是等价交换

- 等价交换＝价值相同的物品（现金、商品和服务）之间进行相互交换。

买卖需要多种业务结合起来考量（“多样化经营”）

- 无须完全依靠主营业务，如果辅助业务能盈利，生意就能持续。
- 主营业务和辅助业务不能过于分散，将两者紧密结合是关键。
- 多样化经营＝经营和主营业务密切关联的辅助业务。
- 企业永远在探索“协同效益最高的业务”“能发挥公司优势技术的新型业务”。
- “周末创业”体现多样化经营理念。

  →个人的副业也需要导入多样化经营理念，并以此为原则。

玩转股票投资的方法

- 用“多样化经营”思想进行股票投资。

  →发挥自己的工作、兴趣、乐趣进行投资。
- 优质企业必然以“低风险、高收益”为目标。
- “低风险、高收益”指在擅长领域内进行预算内投资。
- 个人投资也需要在投资前明确限定预算。

第 3 章

堆满库存的天然食品店

库存与资金运作

双排扣西装发霉了

有一天我回家后妻子瞪着眼冲我嚷嚷道：

“你看，这都发霉了！”

我很惊讶，不知所措，再一看才知道原来是我的一套长年挂在衣柜中的双排扣西装发霉了。

这套西装是很多年前买的，只穿过几回，总想着“说不定还得穿”，一直没舍得扔掉。也正因为只穿了几次，所以也没送去干洗，就这样一直挂在衣柜中。虽说款式已过时，但毕竟买时比较贵，总舍不得扔掉，俨然现在已经成为衣柜中的“**不良债权**”[20]。

但毕竟是发霉了，所以扔掉已是无奈的选择。但我依然还是觉得有些可惜。没错，因为我就是这样“天生小气”。

然而妻子却是不折不扣的“扔东西狂魔”。这件发霉的西装很久以前妻子就劝过我扔掉，“这样的西装留着干嘛，反正不会再穿了”。但我一直找各种理由不愿扔。

妻子对看完了的书和杂志也都是很快就处理掉，不

用的化妆品也马上扔掉。她从没有“也许还要再用，先留着再说”的想法。我却不同，报纸啦、盒饭里送的湿纸巾啦，什么都会留着，完全是和妻子相反的类型。

然而，**从会计学角度来看，将不用的东西立刻扔掉，这种做法更为合理和高效，是“正确的处理方式”**。

上面提到的双排扣西装在会计学中就是“**不良库存**”[21]。对于企业来说，不仅仅是不良库存，就是一般的**库存**[22]也是越少越好。大家知道这是为什么吗？

本章将在探寻这个问题答案的同时，和大家一起来思考**资金筹措**[23]。

堆满库存的天然食品店

为了能更具体地分析库存问题，我先介绍一下我以前住所附近的两家天然食品店。

这样的天然食品店在有机农业产品和无添加食品风靡一时的时候就像雨后春笋般到处都是，这两家天然食品店当然也在其中，而且也曾成功实现“持续经营”。虽然不同于之前提到的法餐厅，却也同样看不到顾客前来光顾的身影，可谓是同类的神秘商店。

两家店有一个共同特点，那就是商品的数量和种类都惊人的多。从店外面望去，连过道和台阶上都堆满了商品，在店里走动似乎都很困难。

对于顾客来说，可选择的商品如此丰富应该非常便利。但如果没有顾客光顾的话，本来应该畅销的商品也就变成了滞销的“库存”。做生意当然是库存越少越好。甚至我们可以说“**库存就是经营中的恶性肿瘤**”。

为何库存会带来损失

那么为什么在经营中库存越少越好呢？

就拿食品来说，由于都有一个保质期，所以在店里放置时间越长，食品的新鲜程度就会不断下降，一旦过了保质期就将无法继续出售。食品以外的商品也同样，时间一长，就有过时、破损等风险，还有可能因为失误而丢失或被盗等。

上述**损失**[24]在会计学中被称为“**存货盘亏**”[25]。

其次是人员开支。库存需要有人来管理，而且库存是否依然可以作为商品出售也都需要投入人力、时

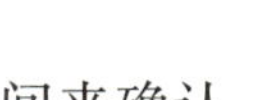

间来确认。

此外，存放库存还会产生场地费用。租借仓库的话需要支付仓库租金，放在店内又会占用空间，影响其他商品的销售。

如果能更早意识到库存的有害性并将其处理掉，就可以省下库存产生后所需要花费的人员开支和场地费用。如果将这笔钱拿来存款或投资，有可能会带来更多的收入。

上述分析中，“如果当初利用了省下的资金……”这个假定是前提。在会计学中，这种“失去应得利润”的现象被称为“**机会成本**”[26]。亏损有很多种，机会成本也是亏损的一种（关于机会成本将在第 4 章中详细说明）。

如上所述，库存会带来各种损失。我们将这种损失称为“库存成本”，一般来说，在经营过程中库存成本越少越好。

当然，如果完全没有库存的话，也会错失赚钱的机会。这是因为很畅销的商品也只能以“售罄”“已无库存”等形式来应对。

总的来说，**库存“多了不行，少了也麻烦”，因此微量调节库存数量非常重要。**

“看板生产管理模式”高明在哪里

因此，最近有很多公司利用信息技术来有效调节库存量。

比如日本著名服装品牌优衣库采取的方法是：每卖出一件商品就通过网络传送此信息，并同时生产出一件对应的新商品。这种方法可以在一定程度上有效控制库存量。在优衣库实体店里，商品的陈列摆放要比实际的商品数量看上去多得多，这也是为了尽可能减少商品库存。

此外，很多人应该都知道丰田汽车的“看板生产管理模式”，可以说它是促进丰田飞跃发展的核心推动力。

这种模式是指在生产汽车的流水线上，后道工序向前道工序以“看板”的形式发出指令，看板上会写着“请提供零件”“请提供材料”等，以一种类似于传话游戏的方式进行生产管理。

如此简单的一个看板，有什么玄妙之处呢？关键

就在于，在这个传话板中其实蕴含了一个原则，那就是**"在需要的时候，按照所需要物品、以及所需要数量发出指令"**，换言之，这样的一个流水线从根本上就避免了各道工序中库存的产生。

生产汽车时，到成品出厂要经过很多工序，如果各道工序都产生库存，不仅占用空间，还需支付管理费用。因此，丰田模式[㊀]具有跨时代的意义。

你是否小看了财务部门

此外，库存最棘手的一点在于，即使在商品卖不出去、没有带来收益的情况下，也必须要向进货的批发商预先支付货款。

只出不进，必然会产生亏损。

也就是说，**库存的产生只能带来损失**。

分析图 3-1 中的案例便可知，剩余多少库存就意味着减少了多少资金。

公司倒闭，究其根源，时常会是因为"产生大量

㊀ 希望深入了解的读者可阅读《丰田模式：精益制造的 14 项管理原则》。

库存”。然而这并不是说由于库存过多导致商店里堆满商品，使得顾客都进不了商店而倒闭（这不是理所当然的事吗）。

另一方面，商品卖不掉必然导致销售额减少，但这和我们所说的公司破产的理由也没有直接关系。

1月1日	进货	100件商品（每件为1元的商品）
↓		
1月份	销售量	0件（现金收入0元）
↓		
1月31日	支付进货款	100元（现金支出100元）
1月31日当天		（现金）100元
		（库存）100件

图　3-1

直接相关的原因只是“因为没有资金，所以无法在付款日之前向供货方支付货款”。这种情况被称为“资金短缺”。

“资金短缺”听起来有点高深，简单说来**它和赤字、顺差都没有关系，指的就是公司没有资金**。无论是大型企业还是中小企业，一旦资金发生短缺，通常结果就是公司破产。

企业财务部的职能不单是从银行贷款，它更需要精细计算出企业从银行何时、需要贷款多少？何时、

需要还贷多少才不会使企业的资金存量出现负数。为避免出现资金短缺，财务部每日都在绞尽脑汁。

也许有人会说，“防范资金短缺，多借点钱、多存点钱不就行了吗”，然而事情远没有如此简单。

如果多借点资金，就需要多支付利息，这样就会给盈利带来压力。此外，如果多存钱的话，股东也会给企业施加压力，“既然有多余资金，那就应该增加股东配股或者用于收益率更高的投资”。

也就是说，“想方设法**持有最合适数额的资金**”，这就是财务部的职责所在。也许以前有人会对财务部的工作不屑一顾，认为“不就是一个资金存取吗”，现在请大家务必改变这一看法。

若有人问你“票据”(主要指商业汇票)是什么，你知道如何回答吗

下面我们就谈谈如何规避资金短缺危机。当然，公司也可以通过银行贷款来解燃眉之急，然而这只能算是“中策”。

上策则可以总结为下面这句格言：

支付需迟、收款需早。

首先要设法让供货方延迟付款日。

常见的支付条件经常有这样的方式，即“月末结算，下一个月月末支付”。按照这一模式，仅能宽限1个月的付款时间。如果能将其变为“月末结算，下下个月月末付款”就能争取到2个月的宽限时间。拿图3-1中的案例来说，就是将原定于1月31日的付款日延期1个月到2月28日。如果再用上商业汇票的话，还可以进一步延长付款期限。

或许有人会问：“常听人说起“票据”，到底是做什么用的呢？”其实商业汇票（见图3-2）最主要的作用就是延长付款期限。

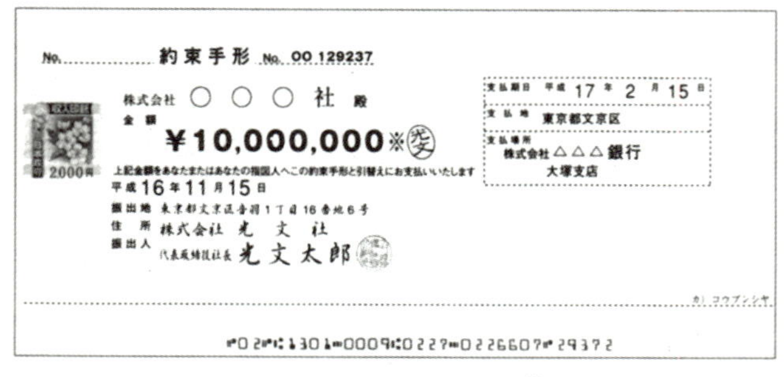

No. ……………… 約束手形 No. 00 129237

株式会社 ○ ○ ○ 社 殿

金額 ¥10,000,000※

上記金額をあなたまたはあなたの指図人へこの約束手形と引替えにお支払いいたします

平成 16 年 11 月 15 日

振出地 東京都文京区音羽1丁目16番地6号

住所 株式会社 光 文 社

振出人 代表取締役社長 光 文 太 郎

支払期日 平成 17 年 2 月 15 日

支払地 東京都文京区

支払場所 株式会社△△△銀行 大塚支店

2000円

图 3-2　日本商业汇票⊖

⊖ 中国的商业汇票与日本格式有所不同，读者可自行通过网络搜索。

图 3-2 所示商业汇票承诺，“3 个月后支付 1 000 万日元”。

所谓“票据”，即用来延长付款期限的商业汇票。

商业汇票比纸币稍大，上面通常写有“3 个月后支付 1 000 万日元”“6 个月后支付 1 亿日元”等内容。将它交给供货方以延长付款期限，在此期间就可以通过努力提升销售额或者从银行贷款等方式来筹措资金。

以无息借款筹集资金

通过上述方法可推迟付款日期，接下来就是尽早回收货款。

此处的“回收”并不是指催收外借债款，而是指“已销售商品却还未收到货款，对此要尽早收回”。

有人可能会说：“怎么可能出现‘售完货却还未收到货款’的情况？”其实社会上大部分公司通常都是先售货，过后很久才能拿到货款。

我们将交完货还未收回货款的状态称为“赊销”。

赊销时间由当事人双方决定，但为了尽早收回货款，应该和对方协商尽量缩短这一期限。

图 3-3 中的②不仅是收款日期有所提前，而且在 2 月份这一个月内甚至还获得了可与无息贷款匹敌的良好效果。

① 2 个月后收回货款

（赊销期限 2 个月）

1 月 1 日	销售量 100 件	0 元
1 月 31 日		0 元
2 月 28 日	收回货款	100 元

② 1 个月后收回货款

（赊销期限为 1 个月）

1 月 1 日	销售量 100 件	0 元
1 月 31 日	收回货款	100 元
2 月 28 日		100 元

图 3-3

这是因为在①中，如果公司在 1 月 31 日急需 100 元的话，就只能找人借款，而借来的钱必然会产生利息。然而在②中，公司就可以轻而易举地在 1 月 31 日准备好 100 元的资金。**这在企业经营者之间被称为“无息借款”**。

可以说，没有任何资金筹集方法比无息借款更有效。

为何会存在赊账交易

有人或许会想，“为什么要赊账呢？就用现金交易

的方式不好吗”，然而现实远非如此简单。

对个人来说，在同一家店购物，一天最多恐怕也就几次。

然而公司之间却不同。有时公司会在一天之内和同一家公司进行几十次甚至几百次交易（例如向汽车工厂交付零部件的公司等）。如果每笔交易都采用现金反而很麻烦，且一一准备付款通知单和发票也非易事。因此，企业才会采用一个月统一支付一次的方法。

可以说，一手交钱一手交货的交易只存在于面向个人消费者的零售业和服务业。这类被称为“现金买卖”的行业令很多其他行业都非常羡慕嫉妒。

这是因为，资金马上到位即意味着公司不需承担“对方来找茬，并以此拖欠货款”或“在货款到手前对方公司就破产倒闭”等风险。

崇光百货（SOGOU）及大荣（DAIEI）等零售企业倒闭时，马上就有企业举手称愿意收购。这在很大程度上是因为收购方觉得“百货公司靠的是现金交易，总能想办法渡过难关”。零售业也是资金短缺风险系数很低的行业。

怎样付房租房东最高兴

企业的经营者就是像这样每天都在为“是否会出现资金短缺”“如何才能尽早收回货款”等问题烦恼。

说个题外话，以前我曾从审计师前辈那里学来一套独特的“房租支付法”，和企业经营者做派可谓反其道而行。

具体方法是，付房租给房东时，不是按月支付，而是每 2 个月或每 3 个月一并支付。

可能有人认为这个方法没有什么意义，其实仅做到这一点，就可以提升房东对你的好印象，建立良好关系，还能获得房东的“特别优待”。

之所以这么说是因为房东（物业公司）也经常会担心，“租房人会不会按时支付房租”“如果滞纳了，无论催交房租还是赶人走都很麻烦”。这时，如果租房人能够一次性交上 3 个月的房租，至少能在多交的 2 个月当中使房东从这种担心中解脱出来。

如果这种状况能够一直持续，房东就会认为“这个人让人很放心”“看来他不会拖欠房租”。这样一来

即使偶尔忘记了交房租的日期，房东也会宽容相待。

我就有过类似的经历。房东总会对我说“每次你都一下子交这么多，真是感谢”，并因此不时送点食品或啤酒过来给我。仔细想想，这并非是“多”交，而只是“早”交，但它所带来的显著效果却让我深有感触。

顺便提一下，如果一次性支付 3 个月的房租，支付给银行的转账手续费也从 3 次减少到 1 次。

因何堆满库存却没有发生资金短缺

不知不觉话题绕远了，下面我们回到天然食品店这一话题。

为什么两家拥有海量库存的天然食品店都能够持续经营呢？按常理来说，两家店都背负着巨大的库存成本，也面临着资金短缺的危险。

然而，只要调查一下两家店的经营情况，所有谜团就会迎刃而解。

原来两家店都是主营网络配送。实体店的门面也只不过是物尽其用，顺便将仓库打开门做成了店面而已。

网店的商品种类势必要比普通实体店丰富才能彰显其特色。因此，两家店里才会都堆满了各种各样的商品。此外，人员开支和场地费用等成本也比租借仓库要低很多，也更为合理。

为何一整年都在促销

虽然天然食品店能够巧用库存，然而大多情况下**无论做的是哪个买卖，大家都会绞尽脑汁减少库存**。

例如百货公司从年初到年末一直都在进行服装的打折促销活动。究其原因，与其说是想通过低价吸引大批顾客，不如说是想把当季的产品尽快卖完。

那么，为什么促销活动多集中于服装产业呢？这是因为潮流瞬息万变，时装款式很容易就过时、落伍。家电产品基本上没有促销，也是由于家电的潮流变化较慢。

此外，服装还存在虫蛀等危险，极有可能影响商品本身的质量，所以总的来说，服装作为商品库存成本较高。

有些商店在搬迁或装修时会推出“清仓大甩卖”，

其出发点和服装促销活动基本上是一样的。将商品运往新店铺需要花费运费，因此商家希望在搬迁之前尽量将商品全部卖掉。

其他减少库存的代表性策略：

- 福袋[㊀]。
- “店长推荐”“主厨推荐”。
- 庆祝新店开张的促销活动（通常会使用“清仓大甩卖”的剩余库存）。

减少库存的终极策略：按订单生产

如上所述，公司在经营时务必要考虑库存的成本问题。经济学有一个术语叫“**供应链管理**”[27]，指商品从制造商到批发商、流通业，再到零售业，各个环节部门合作共同消除库存的一种管理模式。

例如，零售业进行商品的单品管理，在线将单品的销售情况及时反馈给制造商。制造商就可以避免生产滞销商品而只生产畅销商品，由此也可以避免多余

㊀ 日本的商家在新年时将多件商品装入布袋或纸盒中进行搭配销售的促销行为。——译者注

的库存。

从而，减少库存的最佳方法就是**按订单生产**[28]。

有订单意味着订单产品一定能卖出去，因此只要在有订单后再着手生产就可以实现“零库存”。

然而按订单生产也有其弊端，即商品无法立刻送到客户的手中。

为此，实施按订单生产的电脑厂商戴尔（Dell）等公司就准备了一套工序，即在几天之内就可以生产出电脑并能进行销售，其目的就是在最大限度弥补这一弊端。

会计版“断舍离技术”

这种思维方式并不仅局限于商业运作。在普通家庭也是如此，只要有不再使用的物品就会存在“库存成本”。

拿上面提到的例子来说，被打入“冷宫”的双排扣西装一直相当于家里的“库存”，所以才会在衣柜中发霉，甚至可能危及常穿的衣物。

实际上在我的这个案例中，挂在衣柜中双排扣西

装旁边的丧服就受到了影响，也惨遭了霉菌的毒手。丧服是必不可缺的，因此要购买新的就需要花费成本。

此外，像“以后还有可能会用”的产品基本上到最后都不会再用，不仅占用空间（场地费用），整理和处理也耗时耗力（人员开支）。在重新装潢和搬家时，物品太多也会耗尽心力。

因此，普通家庭也应该学习“避免损失，减少库存”的理念。无论是书本杂志，还是衣裤鞋袜或日常备用品，库存都会产生成本。如果大脑中没有这一概念，很容易就让家里堆满各种物品，而等堆满物品时再考虑就为时已晚。

很多人都有这样的体验：打开厨房的电冰箱，发现里面堆满了几个月前买回来却一次都未用过的蛋黄酱，以及一次性买了几袋的洋葱。这样不仅会使食物腐烂而影响其他食品的质量，造成浪费，还会产生多余的电费。

虽不是指我妻子，但将不用的东西尽快扔掉确实是好习惯。尽管这个习惯在短期内很难养成，但只要设定一个期限，比如“1 周内不用的东西立马扔掉”“一个月内不读的书籍杂志马上处理”，这样一来就可以顺利做到“断舍离”。

这不仅是针对有保质期的食品，就算是在制造业车间的现场也会有如下规定，例如“6 个月内没有使用的材料要移至货物仓库存放”“1 年内没有使用的材料需进行废弃处理”等。

在需要的时候按照需要的数量生产所需要的产品

如果在脑中树立了“库存有害”的理念，那么购物行为也会发生变化。

例如，如果你想买的商品标价是“5 元 1 件”和“20 元 5 件”，即单价分别为 5 元和 4 元，会让人觉得 20 元买 5 件更划算。

然而结果经常是，我们实际上只需要 2 件商品，剩下的 3 件完全变成了库存，实际上是亏的。因为这种情况相当于 2 件商品就花费了 20 元，最后甚至还得花时间精力去处理多余的商品，完全是一种浪费。

很多企业倒闭都是因为采购量过大。大量采购后却卖不完，导致库存不断积压，同时又需要支付货款，两面受压，最后不得不进行亏本大减价，以致带来大额赤字。

因此，我们大脑中随时都应该有这样的观念：就算单价偏高，**有时选择单价较高的产品反而更划算**。

从结果上看，效仿丰田的看板模式，即“**在需要的时候按照需要的数量**”购买所需要的物品，有可能这才是最划算的。

第 3 章小结

"库存"越少越好

- 为什么库存会带来损失?

  →因为会产生"库存成本"。

- 耗费库存成本的典型代表:

  ①保质期;

  ②过时;

  ③破损风险;

  ④丢失或被盗风险;

  ⑤人员开支;

  ⑥场地费用;

  ⑦机会成本。

  (①~④带来的损失在会计学中被称为"存货盘亏"。)

- 库存最大的问题就是可能带来"资金短缺":即使商品没卖出去,未获得收益,也需要支付采购货款。

"资金短缺"及规避策略

- 在付款期限内无力支付采购货款:资金短缺。
- 一旦陷入资金短缺,大多数企业都会倒闭。
- 资金短缺的规避策略:"支付需迟,收款需早"("商业汇票"是一种可以延长付款期限的票据)。
- 为尽早收回货款,需尽量缩短"赊销"的期限

（“赊销”指在商品销售之后到拿到货款之前的状态）。

- 商品销售之后，通常卖家要在很久之后才能拿到货款。
- 一手交钱一手交货的交易只存在于面向个人消费者的零售业和服务业。这些行业被称为“现金买卖”，也是陷入资金短缺可能性较低的行业。
- 尽早收回货款和无息借款有同样的效果。
- 推迟货款支付时间也和无息借款有同样的效果。

如何减少库存

- 减少库存的代表性策略：

  ①促销活动；

  ②清仓大甩卖；

  ③福袋；

  ④店长推荐”“主厨推荐”；

  ⑤庆祝新店开张的促销活动。
- “看板模式”指“在需要的时候按照需要的数量生产所需要的产品”的传话游戏。
- 减少库存的终极策略就是“按订单生产”。

家庭的库存观念

- “以后还有可能会用”的物品基本上都不会再用。

- 家庭也应借鉴“避免损失，减少库存”的理念。
- 不用的东西马上扔掉，做一个彻底的“扔东西狂魔”。
- 给自己设置一个期限，就能轻松地扔掉不需要的东西。
- 有时购买单价更高的商品反而更划算。
- “针对最需要的物品在最需要的时候购买最需要的数量”才最划算。

第 4 章

售罄反遭怒骂

机会成本和财务报表

售罄反遭怒骂

这是发生在某家超市的事。

职员 A 看着眼前的货车，不禁露出得意的笑容。这是因为，由他一手策划并包办从采购到销售所有环节的“秋季美味盒饭”获得了巨大的成功。

当天采购的 100 盒盒饭到了中午就被一扫而光，货车里空空如也。照这一势头下去，要在为时一周的展卖会上卖掉 500 盒简直轻而易举。

最重要的是，老总今晚会来店里视察展销会情况！他要是看到盒饭销售一空，表扬我一番不说，说不定还会给我涨工资和升职呢——这样一想，A 愈发得意了起来。

傍晚，老总带着随从准时来到店里。如 A 所料，老总在空空如也的货车前停下了脚步，看了看写着“已售罄”的纸牌，问道：“这是什么时候卖完的？”

就等你这句话呢！A 昂首挺胸，大声回答道：“报告老总，中午的时候 100 盒就都卖完了！”

但意外的是，老总听了这句话后竟暴跳如雷，冲 A

吼道：

“蠢、蠢货！你脑子里都装什么了？！”

“啊？对、对不起……”

“你连做生意的基本道理都不懂吗！！”

“？？？”

本以为会被表扬，却遭到一顿臭骂，A 实在觉得莫名其妙。究竟是哪里出了错，让老总大动肝火呢？

这一章将给大家分析一下可怜的 A 被怒骂的原因，并给大家介绍机会成本和财务报表。

做生意的根本在于把握商机

商业的根本在于把握商机。简单来讲，就是在最恰当的时机为客人提供他最需要的东西。说起来理所当然，但实际做起来却非常困难。

例如，在你感到饥寒交迫的时候，车站前刚好有一家拉面馆，你势必会不由自主地过去，这就是把握住商机的典型例子。如果拉面馆开在一个大家都酒足饭饱的地方，又或者是盛夏的某天晌午，还会有人走进这家拉面馆吗?

晾衣杆小贩和位于市郊的法餐厅之所以成为不解之谜，也是因为两者反商机法则之道而行的缘故。

此外，随着老的购物街逐渐衰落，人们纷纷前往大型超市和购物中心去购物的原因之一也是大型商店的商品在数量和种类上都更丰富，人们可以在需要的时候买到需要的物品。这也正是把握商机的典型代表。

把握商机需要眼力

让我们再回过头来看看 A 的故事。

A 实在想不明白被老板怒骂的原因，只好当面去问老板。

“我到底哪里做错了?”

“因为你错失了商机。”

“啊? 错、错失了商机吗?”

“错失商机!”

老板所说的“错失商机”究竟指什么呢? 会计学

中我们称其为“机会成本”，与把握商机正相反。

A 采购了 100 盒便当，售出了 100 盒便当，因此兴奋不已。但如果当时采购的是 200 盒，说不定能卖出 120 盒、150 盒，甚至更多。既然中午就已卖掉 100 盒，那么一天就有可能卖掉 200 盒。

A 却贴上了“已售罄，无存货”的标签，错失了新的盈利机会，这就是“错失商机”。

公司内采用的管理会计[㊀]会将错失的商机转换为数字，并作为亏损入账。一般企业听到售罄都很高兴，但会计学却称其为“机会成本”，并对其持否定态度。

举个例子，销量为 100，但机会成本为 50，最终的销量只能按 100 － 50 = 50 来算。这样一来，即使卖掉 100 个也毫无意义。

因此，作为商人，A 如果想要得到老总的赞赏，需要采购比预计最大销量多 10% 的便当。

然而无论哪个行业，要判断出多进多少货都需要“眼力”，同时也是非常困难的事。每个负责采购的人都会为此伤透脑筋。

㊀ 大型企业通常会设专人，他们并不按照会计准则，而按经营管理需要提供供管理者决策参考的数据信息。

在此我想强调的是，**从会计学角度来看，商品卖不完固然可怕，但商品售罄也同样可怕**。

“感谢您的惠顾，商品已售罄”，这既不是值得庆幸的事，也不是值得高兴的事。有闲工夫挂牌子说客套话还不如赶紧接着采购再赚一笔。

以向社会公开为前提，并以法律所界定的形式公开的会计称为“**财务会计**”[29]。与此不同，企业内部采用的会计体系则称为“管理会计”。也就是说，企业会计分为两种，一种是按照统一标准制定的、便于全国企业进行行业经营状况比较的“财务会计”，还有一种是方便企业内部使用的“管理会计”。

不能满足于“售罄”“满座”

机会成本的理念不仅适用于经商，日常生活中也会大有帮助。

举例来说，以前我和朋友一起参加了**簿记**[30]3 级的等级考试。有人对我说，不如加把劲儿把 3 级、2 级一起考了。于是我决定加油把 2 级也拿下。朋友却决定“这次还是不考 2 级了吧”，于是朋友只参加了 3 级

考试。

最后我如愿同时获得了 2 级和 3 级的资格证书，而朋友当然只过了 3 级。之后这位朋友和我逐渐拉开了距离，我通过簿记 1 级考试时，朋友在考 2 级，而当我成为注册会计师时，朋友还在为簿记 1 级考试奋斗。

我举这个例子并不是为了炫耀，而是想告诉大家，**既然决定要做，就要把目标最大限度定得高一些**。

最初产生的动力本身就是个机会。好不容易有了干劲儿，自然不能白白错过这个难得的机会。

如果一开始就抱有“3 级就足够了”的想法，好不容易产生的干劲儿便无法得到有效发挥。这相当于自己限制了自己的潜力。

而且如果目标定得过低，做到一半就会想敷衍了事。自己会认为付出了一定程度的努力，已经有所收获，但从会计学角度来看，这是明显的得不偿失。

这与 A 卖便当的故事是一个道理，我们不能满足于“已售罄”“已满座”。为了不错失良机，必须不断向上看，定下更高的目标。

制定目标要考虑机会成本

年末、年初或季节交替之际，人们总会给自己定下一两个目标，例如减肥、存钱等。在制定目标时，希望大家务必学会运用机会成本理念。

当然，目标也不能定得太高，否则只会让人望而却步，失去动力。**制定比自己能力范围稍高的目标，这是诀窍**。

以减肥为例，假设有两个人分别想瘦3公斤和10公斤。想瘦3公斤的人漂亮地达成了目标，而想要瘦10公斤的人拼了命减肥最后却半途而废，只瘦了8公斤。但是实际上谁瘦得更多呢？显而易见，是瘦了8公斤的人。

所以，比起输赢或目标完成情况，希望大家着眼于自己制定的目标是否合理。达成目标本身并没有多大意义，有可能只是因为一开始目标就定低了。

成功瘦了3公斤的人，说不定还能瘦5公斤，甚至7公斤。所以，这时候或许不该说“恭喜”，而应该说“再努力点也许能瘦更多……”

如何运用“机会成本”原理

接下来，我们来看看会计学中究竟是如何运用“机会成本”这一原理的。

B 在公路边的绝佳位置经营着一家餐馆，一个月的利润为 25 万元。

但是，当 B 知道 1 年后一家大型连锁餐厅将在自己经营的小餐馆旁边开设分店后，B 就联系了房地产商，探讨将在 1 年后卖掉自己的餐馆。

一天，一名营业顾问找到 B 并劝说道：“如果下决心重新装修一下餐厅的话，利润还能增长一倍。”

B 听了这话后开始考虑装修事宜，并请施工单位做了费用预算。结果对方报价为 150 万元。

B 琢磨着：“150 万元 6 个月就能赚回来。我这餐馆还能开一年，肯定能赚回成本来。”便打算着手装修店铺。

然而，听闻此事的房地产商慌忙跑来对 B 说：“你要是不装修，这店还能转给别人另作他用，卖到 200 万元不成问题。可你要是装修了，就卖不出去了。”

那么 B 究竟应该怎么做呢（见图 4-1）？

B 的餐馆	
每月利润	25 万元
装修费	150 万元
装修后每月利润	50 万元
一年后餐馆售价	
不装修	200 万元
装修	0 元

图 4-1

当然，这个故事的设定比较简单，现实生活中经常有这种盈亏情况较难分析的案例。

言归正传，在这个案例中，究竟该不该装修呢？这就需要用到会计学的知识。首先，通过计算可得出以下结果。

装修后

25 万元 / 月 ×12 个月（增加的利润额）– 150 万元（装修费）

= 300 万元 – 150 万元

= 150 万元

虽然装修要花费 150 万元，但装修后总利润将增加 300 万元，所以最终可以多赚 150 万元。

然而，B 的案例中还有一个附加条件，即装修后店铺售价反而会变成零。

这种情况就要用到“错失商机”，即“机会成本”的原理。

该案例中，店铺一旦装修就会错失以 200 万元出售店铺的机会，所以应该将这笔钱算入亏损。

装修后（包含机会成本）

25 万元 / 月 ×12 个月（增加的利润额）– 150 万元（装修费）– 200 万元（机会成本）

= 300 万元 – 150 万元 – 200 万元

= –50 万元

这才是合理的计算方法。会计学告诉我们，装修会产生 50 万元的亏损，所以不应装修（这种辅助决策的会计被称为“管理会计”）。

在“机会成本”的原理中，未能获得的利润不能算为零，而要算为负数。

会计是一门将无形之物数字化的学问

（接下来涉及的内容较为深奥，觉得较难理解的读者可跳过不读。）

我在学习这部分会计知识时深刻体会到“会计学不仅关注冰山露出水面的一角，也会将水下看不见的部分量化为数字”。

要说起来，在会计世界中很多时候都是在和看不见的东西打交道。财务报表里共有“**资产**”[31]“**负债**”[32]“**所有者权益**”[33]“费用”“收入”五个项目类别，其中“负债”“所有者权益”“费用”“收入”都是无形的。

比如说，“资产”的代表是“现金”，现金通常都是钞票等看得见的实物，但代表“负债”的“**借款**”[34]只表明一种还款义务，既看不见也摸不着（当然借据是存在的）。

此外，“营业额”和“工资”虽然是用现金交付，但本身也不具备实物的性质，人们看不到上面写着“营业额”或“工资”的钞票，只能从公司**账簿**[35]上关于公司每笔资金的来龙去脉中了解到哪笔是营业额，

哪笔是工资。

至于“**资本金**[36]（注册资金）”，也只是企业在工商管理局登记的资金金额，并非真的要将这笔钱保管在金库里。注册资金只是衡量企业规模的一个标准而已。比如，股份有限公司的注册资金必须达到 500 万元。注册资金不具备实体，充其量只是一个衡量标准而已。

那么，为什么会计要特意将没有实体的东西数字化、可视化呢？

答案就是，通过这种方式可以更加具体地把握公司的实际情况。

只有将义务和权利纳入计算，用账簿记录“营业额”“工资”等资金的来龙去脉和用途，才能全方位地了解一家企业。

“家庭财务报表”的问题何在

从这样一个观点来看，“普通家庭也制作一个财务报表”“通过制作家庭财务报表来规划将来”等想法也很值得肯定。因为借此可以全方位地了解家庭的经济状况。

只不过，家庭财务报表在使用时也可能会出现问题。我们来看以下案例。

普通的上班族C让专家为自己家编制财务报表。专家根据C对于“打算在孩子教育方面投入多少资金”“是否考虑和父母一起生活”等问题的回答编制了财务报表（见图4-2～图4-4）。

上班族C（妻子和两个孩子）	
年收入	25万元
开销	15万元
房贷（30年）	150万元
财产（房产）	125万元
教育储备金（每年）	5万元

图 4-2

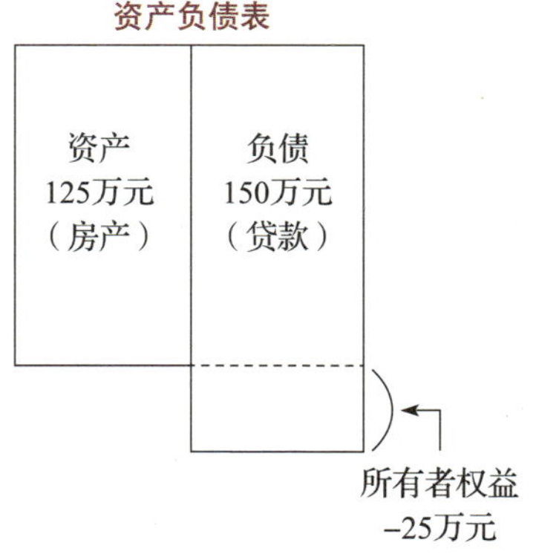

图 4-3

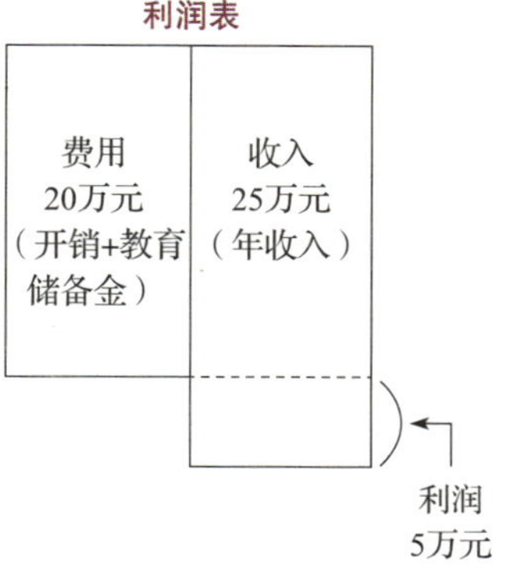

图　4-4

财务报表的计算方法：

所有者权益 = 资产 – 负债

利润 = 收入 – 费用

专家对 C 说道："房价在降，现在你们家的房子只能卖到 125 万元。"

"但是家庭房贷高达 150 万元，这样算来所有者权益为 –25 万元。这就叫**资不抵债**[37]，非常危险。一般公司遇到这种情况很快就会破产。"

C 一听脸色苍白，连忙问道："那我该怎么办？"专家回答说："这个嘛，反正你家每年都有盈余，还是尽早还清贷款比较好。也就是说通过'提前还贷'来摆脱资不抵债的状况。”

C 听后连连点头。

随后专家继续说道：“想要凑齐还贷资金，还要尽量减少开销。总之先从‘重新投保’开始吧。”

就这样，C 决定要“提前还贷”并“重新投保”。

你身边也有和 C 一样的人吗？

在重新评估家庭经济状况时，基本上一定会提到“提前还贷”和“重新投保”两个方案。

为什么会出现这两个方案呢？

上述两种方案的确能从根本上重振家庭生计。然而，并不是每个家庭都需要采取这两种措施。说实话，很多家庭明明没有必要却也“提前还贷”“重新投保”。我相信其他专业会计师也有同感。

财务报表是一种能让人一目了然地了解财产和收入的报表。

其中包含了资产负债表、利润表等报表，各自发挥着以下作用：

- 资产负债表→看资产和负债→预测未来。

- 利润表→看一年的利润→把握现在。

资产负债表记录了供将来使用的资产和未来必须偿还的负债，所以可以“预测未来”。

利润表记录了今年一年的收入、费用和利润，因此可以“把握现在”。

“提前还贷”“重新投保”的背后

刚才提到的两种方案究竟哪里不对劲呢？首先，判断需要“提前还贷”的根据——“C 家资不抵债，所以很危险”，这一大前提就不合理。

确实，企业资不抵债就很有可能破产。但这是因为企业还面临着“必须尽快向供货方支付货款”“必须尽快偿还贷款”的问题。

个人房贷则不同，可以“花上几十年，每月还几千元”，因此，时间并没有那么紧迫。

也就是说，企业和个人的支付前提完全不同。企业的负债必须立即偿还，而个人的负债却可以慢慢偿还。

个人负债就算再多，只要不用即刻偿还，就完全不必担心。30 年还 150 万元，1 年只需要还 5 万元。家庭财务报表却提出什么资不抵债，可以说实在不够专业。

此外，“房价降到 125 万元”这句话也完全不用放在心上。当然，如果现在就想卖房的话另当别论，但好不容易买到的房子，一般人都会想一直住下去。既然还要住，眼下自然不会把房子卖掉，因此现在所谓房价“125 万元”这一数字和你毫无关系。

总的来说，通过资产负债表预测到的未来应如下所示。

资产负债表折射出的未来：

企业→ 1 ~ 5 年后的未来。

个人→ 10 ~ 30 后的未来。

那么接下来就从我个人的角度重新来分析一下 C 家的财务报表（资产负债表）。

请大家不要拘泥于 –25 万元的所有者权益，而是将注意力转移到下面的财务报表（见图 4-5）上。

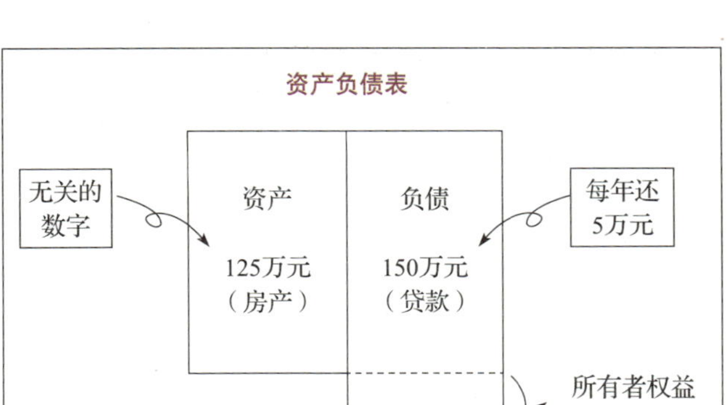

图　4-5

确实，如果能摆脱资不抵债的状态，会让人如释重负，也会让人获得成就感，觉得自己把家庭收支规划得井井有条。不过要还清贷款，肯定也会付出相应的代价。

由于这里牵扯到了个人价值观的问题，我不好多作评论。但我认为，“既然是好不容易借我这么长时间的借款，那我就恭敬不如从命”这样的想法并非投机取巧。如果今后收入稳定，利息又低，就更不用急着还了。

无论怎样，看完 C 家财务报表后，说出“你家资不抵债，要是企业早破产了”这种话绝对是没有必要的恐吓。

一番实际上没有必要的恐慌下，有的专家就会劝你“重新投保”。

确实，家庭收支中保险费用所占的比例不低。通过“重新投保”或许真的可以增加家庭的利润。

然而这些咨询专家大多还兼任某保险公司的销售代理。虽然他们不会直接收取投保人的钱财，却可以间接从保险公司那里拿到相应的介绍费。这就是请专家帮忙规划家庭收支时通常都会被建议“重新投保”背后的真相。

近年来，每家保险公司提供的产品日益丰富多样，每个人都能找到适合自己未来规划的产品。但是这些产品真的是最好的吗？是否比其他保险公司提供的产品更合适呢？这就另当别论了。

我只能说，是否需要“重新投保”还是得去请教值得信赖的专家。

不要坠入“家庭财务报表”的陷阱

我们再回过头看C家的财务报表。或许有人会反驳：“既然资产负债表表明资不抵债，那如果C现在突

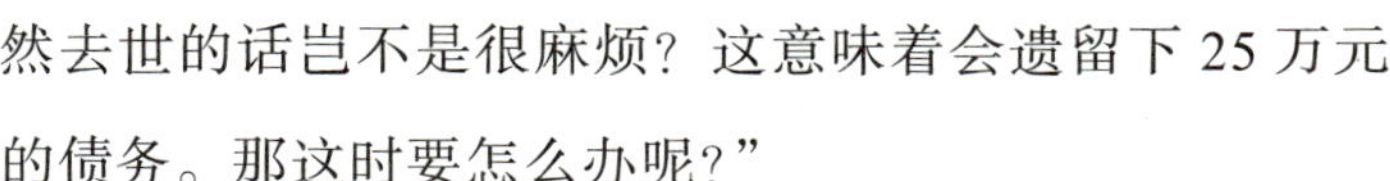

然去世的话岂不是很麻烦？这意味着会遗留下 25 万元的债务。那这时要怎么办呢？”

但如果真出现“C 现在去世了”的情况，那么只要买了人身保险，问题就迎刃而解了。人身保险本来就是为此而存在的。如果债务依旧繁重，家属只要放弃继承权就可以了。

我们不必去担忧“如果”“万一”这类不确定因素，因为保险正是为消除大家对不确定因素的不安才存在的。

也就是说，对普通的工薪家庭而言，财务报表仅供参考，用不着绞尽脑汁去思考解决方案。

同样是资产负债表，显示未来几年情况的企业报表和显示未来几十年情况的个人报表根本没有可比性。

巧妙利用数字的说服力

我并不是要否定“提前还贷”和“重新投保”这两种方案。如果真的有必要，当然应该积极落实。

只是因为财务报表中的数字往往有着很强的说服力，所以真心希望大家不要被数字误导。

数字的说服力不仅局限于会计学。

与其说“不要买太贵的零食”，不如说“不要买超过30元的零食”更具强制性。

与其说“再坚持一会儿”，不如说“再坚持5天”更能激励人的干劲儿。

与其说“每年有许多人死于交通事故”，不如说“每年有1万人死于交通事故”让人更有切身感触，也更加注意安全。

与其说“《异形2》这部电影特别好看”，不如说“《异形2》这部电影我都看了74次了”更能体现这部电影作品的精彩（这确实是电影评论家平野秀朗先生的原话）。

在我出版会计推理小说的时候，为了让出版社相信“这本书能卖到3 000本”，当时我强调说：“肯定会吸引很多读者！”然而出版社完全没搭理我。

于是，我只好改变策略说：“根据报考会计师、税务师考试和簿记等级考试的考生人数，可推断全国共有300万会计从业人口。如果其中有0.1%的人对这本书感兴趣，就能卖出3 000本！”

换了说法后，这本书的出版立刻有了着落（当然也不是只因为这一点）。目前该书已售出近 20 万本。

虽然我的推测一点儿也不准，但**即使没有严密的根据，只要能巧妙利用数字，就能比较轻易地说服对方**。

如果凡事都能练习“用数字说话”的能力，就能提高演讲和会议发言的说服力。请大家务必积极运用这一点。

第 4 章小结

“机会成本”（错失商机）的理念

- 把握商机是商业的根本。
- 机会成本指错失盈利机会而造成的损失。
- 机会成本是将未能获得的利润算作负数而不是零。
- 进货量应适度超过预期销售量，需要有“眼力”。
- 商品过剩（不良库存）与商品售罄（错失商机）同样可怕。

制定目标要考虑机会成本

- 既然决定要做，就应该制定比自己能力范围稍高的目标。
- 达成目标本身没有太大意义。

会计是一门将无形之物转化为可视数字的学问

- 错失商机是无形的。
- 为何要把看不见的东西转换为数字？

  →因为只有将无形的义务和权利可视化，才能全面了解企业或行业的实际情况。

“家庭财务报表”的问题何在

- 很多人都在进行没有必要的“提前还贷”和“重新投保”。

- 企业和个人在负债上的前提完全不同。
- 重新进行家庭经济规划须慎重。
- 家庭财务报表只能作为参考。

数字具有说服力

- 财务报表中的数字有时会被误用。
- 通过不断训练“用数字说话”的能力，可以提高演讲和会议发言的说服力。

第 5 章

甘居第二的赌徒

周转率

本可反超，却甘居第二

绝不能输……

我现在手上有 24 000 点，排第三，牌局不算糟糕。

第一名是对家的“大背头”（因为梳着大背头），他手上有 31 000 点。我只差了他 7 000 点，一个满贯就能追上。

上家是麻将馆的店员“眼镜”，他手上有 28 000 点，和第一名差距不大。估计这家伙很快就能反超。

对以 17 000 点排在最后的下家“高领”也不能掉以轻心，一个不留神，我就可能被赶超沦为垫底。

我一边冷静分析各家的筹码，一边打出自己的牌，丢掉不需要的牌，等待着逆袭的机会。大概是心理作用，抓牌时手不由得加大力度。

终于——

“碰。”

“眼镜”淡淡地说。场上气氛顿时紧张了起来。

终局已近中盘。“眼镜”这家伙竟然已经听牌了！而我还差一张，还能赶上他吗……

我一边飞快转动大脑，一边抓牌，并用手指肚摸猜着手上的牌。

是五筒！太好了！正是我最想要的牌，来得正是时候！我也可以听牌了，只要宣布听牌就有机会满贯了。

正当我按着逆袭计划扔出牌准备宣布听牌时——

“和了！”

“眼镜”静静地推倒了手中的牌。

“断幺，一本场 1 300，共 1 600 点。”

被摆了一道……

但是，仅凭 1 600 点的和牌“眼镜”根本赢不了“大背头”。为什么他要进行这种毫无意义的和牌呢？真让人一头雾水……竟甘愿屈居第二，是个多有礼貌，不，是个多没志气的赌徒啊！

为什么甘愿放弃第一

我从不赌博，对麻将更是一窍不通。这件事是我的朋友 K 玩自由麻将时的亲身经历。

所谓“自由麻将”，是指麻将馆中互不相识的 4 名

玩家凑一桌打麻将，每玩一盘需要向店家支付一定的费用（场地费）。如果玩家凑不成一桌，就由麻将馆的店员加入凑数。

刚才那个故事的梗概就是，在游戏最后一局，与第一名“大背头”相差不多的店员“眼镜”本可以轻松反胜，却决定和牌，甘居第二。

和牌后游戏结束，眼镜还是第二名，K 也遗憾地位列第三。

一般来说，玩家会放弃这次和牌机会，再等待机会，到确保能拿到第一时再和牌。

如果夺下第一，自然能比第二名拿到更多的奖金。麻将本来就是只有拿到第一名才能拿到大量奖金的那么个游戏。那么究竟是什么原因，让戴着眼镜的店员不争第一而甘心满足于第二名的成绩呢？

本章将探寻“眼镜”真正的意图，并分析周转率[38]这一概念。

赌博的奥义

赌博的奥义在于“赢了就跑”。虽然我不赌博，但这点道理我还是明白的。

虽然道理浅显简单，但实践起来却很困难。这是因为输钱时人总想着“马上运气就会转到我这儿，我就能转败为胜了”，结果却越输越多；赢钱时又得意忘形，心想“现在老天都在帮我，要趁这势头多赚点”，结果却将赚的钱全吐了出去。

如果见好就收，不管赚多赚少都是实打实的赚了。反过来说，不管现在赚了多少，不到最后结束就不能算真的赚。所谓的大赚一笔只是个数字，不过镜花水月而已。

如此想来，店员“眼镜”之所以满足于第二名，是因为深知“赌博的奥义”，并将其付诸行动了。

一大笔奖金在眼前唾手可得，店员却不为之所动。难道他是为了确保自己的胜利才进行上面那样看上去毫无意义的和牌，甘居第二的吗？

真正目的在于周转率

从结论上来看，上面的猜测半对半错。

这名店员当然想让自己稳胜，但更重要的是，他想尽快结束游戏。

为什么呢？

想想“自由麻将”的规则就能明白其中的道理。麻将馆的营业额基本只来源于几十元一场的游戏费（场地费）。游戏的输赢只是客人之间的事，与麻将馆没有任何关系。麻将馆不过是将场子租出去而已（如果店员去凑数结果输掉游戏，输的钱由店员自己承担）。

因此，从麻将馆的角度来考虑，一场游戏时间越短，店里赚的场地费越多。

我们可以将 1 小时一场游戏的情况和 1 小时两场游戏的情况进行比较。

假设每场游戏每人要付 20 元，那么第一种情况下麻将馆的营业额为 20（元 / 人）×4（人）×1（场）= 80（元），第二种情况下的营业额为 20（元 / 人）×4（人）×2（场）= 160（元）。可见游戏场数会直接影响店里的营业额。

会计学将其称为“周转率”。**周转率就是指 1 天内所能接待客人的数量。**

也就是说，麻将馆的店员正是着眼于周转率才选择和了常人看来匪夷所思的牌。

周转率是薄利多销的关键

回转寿司、牛肉盖浇饭等快餐店，还有那些不设座位的小面馆和小酒馆，都是重视“周转率”的典型例子。

一碗牛肉盖饭30元，一碟寿司15元。只听价格肯定有人会想：“这么便宜不会亏本吗？”其实，这些店的顾客吃得快走得也快，一拨接一拨源源不断，这些店都能通过薄利多销的方式盈利。

由于只能坐在柜台边或站着吃，所以顾客无法悠闲进餐，就算坐下来最多也就逗留30分钟。在简易面馆等快餐店，30分钟甚至能周转6拨客人。

当然，也有顾客会在牛肉盖饭店的柜台席坐着磨蹭1个多小时，然而大多数人都是吃完饭就立即离开。

所有行业都通过周转率盈利

重视周转率的不仅是餐饮店，前面提到的麻将馆也一样。所有行业都在不断摸索如何提高周转率。

比如，有一种15元剪10分钟头发的理发店，就是一种极其重视周转率的商业模式。一般的理发店 1 小时内一家店只能接待五六位客人，而这种“限时剪”模式 1 小时内一家店可以接待 20 ~ 30 位客人，就是通过周转率赚取利润。

对客人来说，这样既节约开销又节省时间。所以有些店人气爆棚，门外甚至排起长队。

此外，电影院不喜欢放映时间太长的电影也是因为周转率。不管作品多受欢迎，如果一场电影长达 3 个半小时，一天最多能排 3 场。这样一来，就算大片上映，场场满座，300 人放映厅也只能招揽 300（人 / 场）× 3（场）= 900（人）。

与其相比，不如 1 天放映 5 场时长 2 小时的不是太有人气的小众片赚得更多。假设平均一场能吸引 200 名观众，那么 200（人 / 场）× 5（场）= 1000（人），比大片还能多招揽 100 名观众。

由昆汀 · 塔伦蒂诺执导的电影《杀死比尔》原本是一部时长超过 4 个半小时的电影作品。由于时间过长，电影院无法安排场次，所以把影片剪辑为《杀死比尔 1》和《杀死比尔 2》，分别于 2003 年和 2004 年在日本上映。而且还将第一部题名为“复仇”，第二部题名为“爱”，并以此两个标题为卖点，按照系列片的形式进行宣传，手法极其高明。

无法抬高单价就提高周转率

在第1章里也提到，想要盈利，“抬高单价”是最省事的方法。

然而，盲目地抬高每件商品的单价也行不通。商品的质量必须和价格成正比，且商品价格越高，就越难销售。

最令人头疼的是，单价越高，销售额和利润就越不稳定。假设一件商品单价为10万日元，每月有10名顾客购买就能盈利。但有时一个月可能只卖出去5件，有时甚至一件都卖不出去。

这样一来，不仅无法估算每月的销售额和利润，也无法预测今后的销售趋势。经营者不知道“应扩大还是缩小经营的规模”“未来应采取怎样的经营方式”，因此很难制定相应的经营战略，也很难进行稳定的经营。如此一来，整个生意无疑就成了走一步看一步了。

这时可以采取折中的策略，即在不抬高单价的前提下通过提高周转率来增加顾客人数。“营业额 = 单价 × 数量”这一等式是永恒不变的法则，既然抬高单价行不通，就只能增加销售数量（周转率）了。

当然，单价越低，东西越便宜，就越能吸引客人。所以为了提高周转率，降低单价也不失为一个办法。

我清楚地记得有一段时间，牛肉盖饭连锁店之间曾大打价格战。这也是考虑到周转率而采取的策略。低价能招揽更多客人，客人多了又可以大量进货进一步降低单价。所以，单价和周转率并非独立存在，应将两者联系在一起考虑。

当周转率增加到一定程度时，顾客数量也趋于稳定，不会再发生剧烈变化。这样一来就可以预估未来的利润，也可以制定发展规划和经营战略了。

然而，仅因价格便宜而来的顾客存在一个巨大的不稳定因素——一旦发现更便宜的店，他们就会马上转移阵地。

降价这种方法不需要动脑子，谁都能模仿出个大致，所以便宜的店千万万，且都基本相同。这种情况下，客人流动得很快，客源会变得非常不稳定。

有时，客人也会因为“虽然便宜但味道不行，已经腻了”而放弃一家餐馆。汉堡连锁店突然停止低价策略，反过来以高端材料和新奇感抬高价格竞争高价市场，其理由也正因为此。

也就是说，仅靠低价无法吸引回头客。不管周转率有多高，如果没有回头客，周转率最终会不断下滑。

发展回头客

那么，怎么才能发展回头客呢？我们可以参考体育界的一些案例。

日本职业足球联赛和美国职业棒球大联盟一直通过举办比赛现场活动或赠送礼物等方式回馈球迷的支持。两者都和当地紧密联系，最大限度地刺激球迷对本地区的归属感，营造球迷和球队的连带感，努力吸引球迷每次都来球场观赛。也因为此，每次赛场上都坐满了观看比赛的常客。

相比较而言，正在加速重组的日本职业棒球在发展回头客方面则有所懈怠。

因此，新成立的球队“东北乐天金鹰队”提倡多举办一些访问选手学校、开办棒球讲座等活动，把回馈球迷作为经营球队的核心，努力做到与众不同。该球队在考核选手时甚至设置了“服务球迷”项目的考察标准，足见其重视程度。

那其他的行业又如何呢？

吸烟的人一般会定期购买同品牌的香烟。这样的烟民也是回头客。估计很少有人会一天换一个品牌，或者随心情换牌子抽。大多数人都会常年抽同一品牌的香烟。

因此，烟草商都致力于打响品牌知名度，以吸引固定客源。味道和价格固然重要，但对于香烟来说，品牌形象才是最能提高购买欲望的因素。

听到万宝路、Hope、七星等品牌，大家或多或少都会有些印象。每个烟民也都有自己钟爱的品牌。

此外，迪士尼乐园之所以能在众多主题公园中脱颖而出，也是因为其回头客人数众多。一天都逛不完的娱乐设施，每次来都不一样的演出活动，让客人每次都有新惊喜。这种心血和努力正是迪士尼乐园成功的秘诀。

再如各大电商城推出的积分卡，也是为了增加回头客而采取的策略之一。

因为各大商家纷纷加入降价大战，各自都打出“哪怕仅便宜1元也比其他商家便宜”的降价旗号，也从而导致顾客人数增长进入停滞状态。积分卡正是这场商战后商家们不得已拿出的策略。

现在，很多人不再四处比价，而是形成了“买家电就去××”的习惯，一开始就定好了在哪儿买。这正是“想多积分，想有效利用积分”的心理在起作用。

从上述案例中可以看出，无论是大打价格战还是采取各种措施发展回头客，每行每业都在为提高周转率而绞尽脑汁。可见，周转率才是商业的核心所在。

以周转率分析人脉

不只是商业，人与人之间的交往也可以从同样的角度去思考。

一谈起人脉，很多人认为重点在于“尽可能去结识各行各业、各年龄层的人”，但我认为这种想法其实

是种误解。

我们经常会遇到不同行业间举办的为扩大人脉的交流会。在这样一些场合上我们发现即使我们发名片发到手抽筋，也很少能建立真正的人脉。广发名片或许能拓宽交际面，但与人脉实际上是截然不同的两码事。

就算结识再多“熟人”，如果关键时刻帮不上忙，或者自己完全得不到信任，交际面再宽也毫无意义。

说得夸张点，这和在街上偶然遇见木村拓哉并就因此说“我认识木村拓哉”没什么区别。

在我看来，发出去的名片数量和人脉广度完全不成正比。要建立真正的人脉，需要结识的是对方背后的“陌生人”。

具体来说，与其和 100 个人泛泛交往，不如和拥有 100 个人脉的人深交。这样一来，对方背后的 100 个人也能作为人脉为自己所用。

所以，与其参加不同行业间的交流会，不如去会会旧相识和最近认识的新朋友，和已经认识的人不断加深感情。

如果能花时间和少数值得信赖的人建立友好关系，往后这些人都会成为自己的人脉，在关键时刻向自己伸出援手。不用我多说，大家应该都有类似的经历。

这与“顾客数量和销售额不一定成正比”是一个道理。不买东西的顾客来得再多，销售额也不会上涨。但即使回头客不多，只要他们常来购物，就能保证稳定的收入，而且这些回头客还会把店推荐给其他人，带来新的客源。

不动脑筋就能发现问题的方法

现在大家是否想知道，在会计的世界里是如何使用周转率的呢？

周转率是非常好用的会计学工具。这么说是因为使用周转率既不用动脑，也不需要花费太多力气。

去公司做审计时，第一件事就是查阅财务报表和账簿等各种会计资料。或许有人会想“注册会计师（又称“审计师”）审阅这些资料一定得心应手”。其实，先不说小公司，只要是有一定规模的公司，会计数据量都会非常庞大。很多时候都不知该从何处入手。

这种时候要怎么办呢？首先，在电脑中输入每月的数据。例如要审查一家公司的应收账款[39]，先按顺序输入 4 月末应收账款的金额、5 月末应收账款的金额……通过列出半年内或 1 年内的数据（见图 5-1），可以看出账款发生的增减变化（通常称其为月度变化）。

应收账款	
4 月	15 万元
5 月	20 万元
6 月	15 万元
7 月	7.5 万元
8 月	20 万元
9 月	15 万元

图 5-1

这样列出数据后审计师就可以发现类似如下的问题："为何 5 月份和 8 月份的应收账款较多？""7 月份较少又是因为什么呢？"

当然，只是单纯列出数字的话也无法进行审计，还需要计算周转率。周转率计算起来非常简单，相除即可。

比如说，要计算应收账款的周转率，需用应收账款的金额除以每月的营业额（见图 5-2、图 5-3）。

营业额	
4 月	10 万元
5 月	15 万元
6 月	10 万元
7 月	5 万元
8 月	10 万元
9 月	10 万元

图 5-2

	应收账款 ÷ 营业额 = 周转率
4 月	15 万元 ÷ 10 万元 = 1.5
5 月	20 万元 ÷ 15 万元 = 1.3
6 月	15 万元 ÷ 10 万元 = 1.5
7 月	7.5 万元 ÷ 5 万元 = 1.5
8 月	20 万元 ÷ 10 万元 = 2.0
9 月	15 万元 ÷ 10 万元 = 1.5

图 5-3

这里的周转率在会计学中称为“应收账款周转期”，显示了月末剩余的应收账款相对于当月营业额的倍数。

用上述数据为例来进行分析的话，4 月的应收账款为 1.5 个月的营业额，而 5 月的应收账款只有 1.3 个月的营业额，相比 4 月略有回落。

我們需要閱讀

当然，由于应收账款属于还未收回的营业额，应尽早收回。所以，月末时剩余的应收账款最好不要太多。

看完 4 ~ 9 月的数据，你觉得哪个月份最有问题呢？

若只看应收账款的金额，5 月、7 月、8 月的变动较为显著；但如果着眼于周转率，会发现只有 8 月的数字不太对劲。8 月的应收账款是当月营业额的 2 倍，比其他几个月份都要多。

鉴于此，审计师会重点审查 8 月的账簿，并询问公司负责人 8 月的具体情况。

经过一番审查，审计师最终会找出原因：有时是迫于无奈，因为“客户中的 A 公司 8 月破产了”，有时也会查出是因为“销售经理私自挪用了回收款等非法行为”。

综上所述，通过除法计算出的周转率等数值，可以为我们揭示现象背后的真相。

“以小见大”的审计工作

也就是说，审计师在审计时不可能从头到尾看完所有会计资料。由于人手和时间有限，除非是很小的公司，否则根本不可能看完。

那么究竟要如何审计呢？通常都是应用周转率等数据与方法，在一定程度上缩小审查的范围。

不审查所有数据，而是从中选取部分比较重要的数据作为样本进行抽查。**通过审查重要的部分来推断整体，这就是审计的工作。**

也就是说，不是“一叶障目，不见泰山”，而是“见微知著，以小见大”。

审计学将其称为风险导向型审计。这是一种针对涉嫌弄虚作假的资料进行重点排查的方法。

通过风险导向型审计抓重点

“风险导向型审计”也可以用在审计工作以外的其他情况。也可以说，人们都经常在无意识地使用该方法。

比如说，在超市买鱼时，通常不会看整条鱼，而是只观察鱼的眼睛是否浑浊，有没有血丝，以此判断鱼是否新鲜。

观赏名画时也如此。看整幅画可能无法发现其精妙之处，这时只要仔细观察其中一部分就好。比如观赏达·芬奇的《蒙娜丽莎》时，先关注她的手，你就能了解其高超之处，会让人不由得赞叹："天哪，这是怎么画出来的！"

我曾当过4年老师，主要教高中生如何解答高考试题中的现代文考题。当时我首先教给他们的策略就是，"从文中找出'过去'和'现在'等一系列对比"。

高考中出现的文章，不管再怎么晦涩难懂，都肯定以某种对比为线索展开叙述。只要找到这样的对比关系，即使文章读不懂，也都能够应付考题。

英语考试也是如此。即使很多单词听不懂，只要根据前后文中听懂的单词和文章的语境进行推测，很多时候也都能大致理解文章所要表达的内涵。

总之，当整体不明朗时，只要缩小范围，抓住重点，就能大致把握整体内容。

抓"大"是秘诀

然而，如果抓错了重点也就无法把握整体。

审计时，审计师会事先询问负责人各种问题，调查公司的业务流程，找出有可能涉及违规或造假的数据。之后再仔细审查这些数据并逐步缩小范围找出重点，之后才是正式开始审计工作。

找重点并不困难。审计时主要看“哪些项目金额较大”“哪些金额影响力较大”等。

换言之，就是要抓“大”。

比如在买电脑时，有“价格”“屏幕尺寸”“CPU 处理速度”“硬盘容量”等诸多要素需要考虑，这时只要关注对自己最重要的那一点就够了。

如果现在缺乏资金，就应关注“价格”；如果你想挑战计算机图形学，就应关注“ CPU 处理速度”和“硬盘容量”。

此外，初次与人见面时，你会注意对方哪些方面呢？

把人打量个遍也看不透时，只需要观察局部就好。但可观察的点也很多，比如“脸”“举止”“声音”“说话方式”等。

有人会毫不犹豫地选择观察“脸”，但我会想办法找出这个人最好的地方作为重点来关注。

比如“细心体贴”“沉着大方”“说话不拖泥带水”等，每个人都有闪光点。

从以往经验来看，只要抓住一个人的闪光点，就能大致了解这个人整体的性格特征。

某公司的人事部主任也和我有同样的观点：“在面试应聘者时我也采用这种方法。”可见这一方法值得推荐。

这里也运用了“以小见大”的方法。说到这里，我想大家都应该明白此种审计方法是可以运用到我们生活中的方方面面的。

第 5 章小结

所有买卖都是通过“周转率”而盈利

- 周转率，在餐饮行业表示 1 天内接待顾客的数量。
- 重视周转率的行业（薄利多销）：

  ①回转寿司；

  ②牛肉盖饭店；

  ③不设座位的小面馆；

  ④不设座位的小酒馆；

  ⑤低价理发店；

  ⑥电影院。
- “营业额 = 单价 × 数量”是永恒不变的法则。
- 单价越高，营业额和利润越不稳定。
- 若无法抬高单价就想办法提高周转率。
- 为提高周转率，有时也会需要刻意压低单价。

  →但是，弊端是顾客流量将会不稳定。
- 要综合考虑单价和周转率。

通过发展回头客盈利

- 回头客 = 固定去同一家店购物的顾客。
- 没有回头客，周转率最终会下降。
- 回头客较多的行业：

  ①体育；

  ②香烟；

③主题公园（迪士尼乐园）；

④家电商城（积分卡）。

建立“真正人脉”的方法

- 广撒名片并不能建立人脉。
- 与拥有 100 个人脉的人进行深交。
- 和少数老朋友搞好关系。

审计的方法

- 审计中，通过除法计算各种“比率”可以揭示出许多事实真相。
- 审计要“以小观大”。

  →不是审查全部，而是抽查重要部分（审计学称为“风险导向型审计”）。

风险导向型审计的方法

- 整体不明朗时，要缩小范围找重点。
- 找重点的秘诀在于抓住“大”东西。

第 6 章

他为何总在 AA 制时主动要求付款

现金流量

“总之我先去把账结了”

我有一个朋友，他在出席一些诸如大型聚会等自己必须要付钱的场合时，一定会自告奋勇，主动担任“付账人”这个角色。比如 10 人的聚会要花费 2 000 元，他便会提议说“我先去把账结了”，然后付给店家 2 000 元，之后再从每人手里收取 200 元。

在 AA 制的时候，想必每个人都干过这件苦差事。最初的时候，我始终不明白朋友为何喜欢充当这一角色。

后来，当我知道其中玄机之时，感到异常震惊。这其实是一个十分巧妙的手法，从会计学角度来看也精妙无比。**在均摊费用时主动担任“付账人”，这其中其实蕴含着巨大的利益**。

假设实际花费 1 950 元，每人付给他 200 元，这样就相当于他只需支付 150 元即可。他这么做并不是为了贪这么点小便宜，也不是想借此发挥领导才能。

实际上，他真正的目的是为了改善**现金流量**[40]情况。可能有人会想：“为什么 AA 制还涉及‘现金流量’这一会计术语呢？”其原因我会在接下来的内容中详细讲解。没错，本章的主题就是“现金流量”。

从现金流量看信用卡结算

说到现金流量，确实觉得有些摸不着头脑，但若换成“现金的流动”（cash = 现金，flow = 流动），那么理解起来便容易多了。其含义就是指现金的流入和流出情况。“现金流量情况好”指资金充裕（流入），“现金流量情况差”指资金不足（资金流出）。这说起来并不难理解。

也就是说，考虑如何才能一直持有现金或为了使资金良好运转，时常留意现金的流入和流出，这才是会计学中现金流量的思维模式。

话题回到 AA 制上。在这种情况下，尤为重要的一点就是“一定要通过信用卡结算”。除了那些平时钱包里总塞满百元大钞的人，需要个几千甚至上万元时，随时都能慷慨阔气地甩出大把钞票。普通情况下，大额消费都会通过信用卡来结算。

使用过信用卡结算的人都清楚，银行划账是在刷卡之后一个月的月末或再下个月的 10 号进行的。也就是说刷卡之后一个多月，才会发生扣款。

因此，若仅着眼于现金的流动，**信用卡结算时是完全没有现金的流入流出的**。

当然，到了下个月的月末或再下个月的 10 号，银行便会从账户里扣除相应的金额，但这也是一个多月之后的事儿了。

AA 制时的信用卡结算和普通情况下的信用卡结算是不同的。因为在 AA 制的时候，可以当场回收到现金，这就是不同之处。拿刚刚的例子来说，就是可以从其他人那里回收到 200（元 / 人）×9（人）= 1 800（元）的现金。

换言之，在这种情况下通过信用卡结算可以实现资金的有进（cash in）无出（cash out）。

如图 6-1 所示，**从现金流量角度考虑资金指的就是全力聚焦“现金”，关注流动情况**。同一桌酒席，但①和②之间却出现了 2 000 元的差别。

①担任付款人，并通过信用卡结算的情况

现金流入（200 元 / 人 ×9 人）		1 800 元
现金流出		0 元
合计	盈利	1 800 元

②不担任付款人的情况

现金流入		0 元
现金流出		200 元
合计	亏损	200 元

图　6-1

由于担任了AA的付账人，现金流状况明显好了太多，这点我想各位读者通过上面的事例应该就都了解了。

AA制金融

充分运用信用卡结算的优点来获利，我们有时称之为“AA制金融”。它适用于那些定期参加聚会的人群，当信用卡里的钱被银行扣除后，只要再用同样的方法就可获取同等金额的现金。

这样一来，被扣除的钱和通过AA制时回收到的钱就可以相互抵消，收支即为0。这样的操作如果月复一月持续下去，从理论上来说，最初通过AA回收到的现金（以上述情况为例就是1 800元）就**可以实现无利息长期借贷**（见图6-2）。

为什么说是无息呢？虽然信用卡公司的规定各有不同，但一般来讲，若在最终还款日之前将钱一次性或分两期还清，则不会产生利息。

从金融公司等借款一个月，通常都要支付该月的利息，但如果是信用卡借贷（除去循环信贷等需要支付

利息的情况），是可以无利息借贷的。

AA 制金融的原理	
某月某日	
（首次 AA 制）	盈利 1 800 元
第二个月	
（第二次 AA 制）	盈利 1 800 元
第二个月月底	
（第一次的款项被扣除）	亏损 1 800 元
→余额　盈利 1 800 元	
第三个月	
（第三次 AA 制）	盈利 1 800 元
第三个月月底	
（第二次的款项被扣除）	亏损 1 800 元
→余额　盈利 1 800 元	
如此反复……	
※ 不考虑自己支付的 200 元	

图　6-2

严格来说，即使是一次性还款，也会产生类似于利息的款项，不过目前的体制是，这部分款项是由接受付款的酒店方进行支付的。正如从金融公司那里借钱一样，个人可以免除支付利息的义务。

信用卡公司巧妙的盈利手段

我想肯定有人心存疑问，为何店方必须要替毫不相关的人支付利息呢？

这便是信用卡的独到之处。店方会向信用卡公司以“手续费”的名义支付利息，这是因为店方希望自己的店内可以为顾客提供信用卡结算服务，哪怕要支付相应的手续费也在所不惜。

究其原因，对于那些容易产生高额消费的店，例如那些夜店，如果无法使用信用卡，顾客将无法放心在店内消费。所以，这类店即便要支付收入 10% 的高额手续费，也要和信用卡公司建立协议关系（也有店家以“信用卡使用手续费”这一名义从顾客那里收回所支付的手续费）。

不过，像百货商场这样的店家有时就无须向信用卡公司支付手续费。其原因在于，一旦百货商场不提供信用卡结算服务，那么信用卡就将失去其品牌影响力，因此信用卡公司宁愿赔本也要和百货商场签订协议。

不过，普通的商场都会收取 3% ~ 5% 的手续费。

顺便提一句，在家电商城等地方，每当顾客购买商品时，店方会按消费额的一定百分比赠送积分。

但若不使用现金而选择信用卡支付，积分值则会降低。

以前，我并不太理解其中的奥秘，现在想想，应该是因为使用信用卡结算会产生“手续费”，所以才相应减少了返还给顾客的积分吧。

综上所述，信用卡是一种有利于顾客、店方、信用卡公司三方的巧妙机制（见图 6-3，当然，信用卡容易导致用度超支、债务缠身，这就涉及使用者自我管理层面的问题了）。

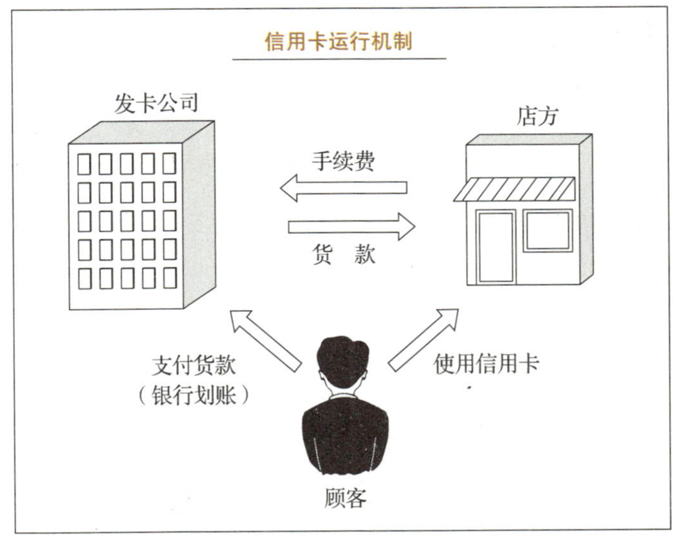

图　6-3

利润与现金流量有何区别

最近，**越来越多的公司开始更加重视现金流量而非利润**。我想，在你的公司里肯定也曾听见有领导大声在问："现金流，现金流怎么样了？！"

那么，为何如今现金流量会如此受重视呢？在分析其中的原因之前，我们先在此明确一下利润与现金流量的区别。

关于利润，我在之前卖晾衣杆小贩的故事中已经解释过，营业额减去成本所得出的数值就是利润。现金流量则是通过计算现金收支得出的。

就拿图 6-4 中，①和②的例子来说，从现金流量的角度看，**①是盈利 1 800 元，②是亏损 200 元。但是从利润角度来看，两种情况都花费了 200 元，所以①和②都是亏损 200 元**。

①担任付款人，通过信用卡结算的情况		
从现金流量来看	→	盈利 1 800 元
从利润来看	→	亏损 200 元
②不担任付款人的情况		
从现金流量来看	→	亏损 200 元
从利润来看	→	亏损 200 元

图 6-4

从会计学角度来看，方法①中获得的 1 800 元并非销售所得，因此谈不上是“营业额”。由于之后必须支付这笔钱，所以它只是以“**预收账款**”[41]形式存在的债务，其实质与借款并无差异。

换言之，现金流量只以现金作为评判标准，而利润则是将无形的债务等也纳入考量范围。**有钱和赚钱完全是两码事**。

为何有三种财务报表

近来，除了资产负债表和利润表，现金流量表也作为第三指标被列入财务报表之中，有助于更加准确地反映公司的经营状况。

三类财务报表

（1）资产负债表→反映公司资产、负债状况。

（2）利润表→反映公司利润情况。

（3）现金流量表→反映公司资金（现金）的收支情况。

在分析公司状况时，为何需要以上三种财务报表呢？

例如前面提到的AA制信用卡结算的例子，从现金流量角度来看获利颇丰，但从利润的角度来看则完全没有获利，甚至反而增加了债务。

从不同角度来看待同一事物会有不同的见解，因此“现金流视角”和“利润视角”两者缺一不可。

这不仅适用于公司，也适用于个人。单方面视角无法洞悉事物的全貌，也无法获取正确的信息。

我的朋友在AA制上一直主动买单，从现金流量角度来看的确是获利颇丰，但他究竟有没有从“利润”的角度来分析问题就不得而知了。无论手头上实际拿到多少现金，其实质都是背上了债务。如果没有这层觉悟，迟早会自食恶果。

所以说，个人与公司一样，需要从多角度分析问题。

个人最应重视何种指标

“在个人的经济管理中最应重视哪个会计指标呢?”这的确是很重要的问题。其实，也常常有人这么问我。

这时我会回答他们说既非“年收入”“利润”，也非“现金余额”，而是“**自由现金流量**”[42]。

自由现金流量指可自由支配的金额。最近越来越多的公司开始非常重视自由现金流量。

在会计学中，自由现金流量的计算方法如下。

企业经营活动产生的现金流量 + 企业投资活动产生的现金流量 = 自由现金流量。

通过计算经营与投资过程中产生的现金收入，可以反映出公司中长期的发展态势。这一指标如今备受关注。

这一指标也可以转换为如下个人自由现金流量。

日常生活中的现金收支 + 确保未来生活所需的现金收支 = 自由现金流量。

具体案例如图 6-5 所示。其中计算了上班族 A 每月的现金流量。

自由现金流量指从收入中扣除生活费、保险费等基本生活开支之后的余额，可以反映出可自由支配的金钱额度。在 A 的案例中，我们就可以看出，A

可将每个月 1 500 元的自由现金流量全部用于其他消费中。

上班族 A 每月的自由现金流量

A 的收支情况

①收入	15 000 元
②贷款及生活费	10 000 元
③其他消费	1 500 元
④保险、储蓄等为确保未来生活的支出	3 500 元

日常生活中的现金收支情况

①收入	15 000 元
②贷款及生活费	10 000 元
	15 000 元 – 10 000 元 = 5 000 元

为确保将来的生活的现金收支情况

③保险、储蓄等为确保未来生活的支出	3 500 元
	–3 500 元

自由现金流量

（5 000 元）+（–3 500 元）= 1 500 元

图　6-5

可自由支配现金的多少可以如实地反映出生活的宽裕程度，而不能仅仅通过年收入多少来衡量。

即便年收入很低，若自由现金流量为正值，生活就会十分富裕舒心。反之，即便年收入很高，但如果日常开销大，自由现金流量为负值，生活也迟早会陷

入危机之中。

因此，**始终保持自由现金流量为正值已俨然成为生活中的重要一环**。

粗略计算一下自家的收支情况

各位不妨来算算看，自己的自由现金流量是多少呢？

无须精确到 1 元，只需要以百元为单位，粗略地计算一下即可。

在此我要强调一点，**运用会计学知识来分析问题时，无须精确到 1 元，以百元为单位，从宏观出发把握整体情况才是关键**。

也许有人会认为"审计师谨慎缜密，即便是 1 元也定会吹毛求疵"。但这只不过是世人的想象而已。实际上，从事审计的审计师们基本不会拘泥于 1 元单位的数据，大型企业的审计甚至不会在意 1 万元以下单位的数据。

也就是说，如果想从宏观来分析公司是否存在不当行为，若拘泥于细节，对于整体的把握就容易出现偏差。此外，也没有足够的时间去审核那些小到1元单位的数据。

由于是粗略计算，即便分辨不出生活费和其他额外消费也无妨。大致“每月的生活费是7 500元，那么其他消费应该是1 500元左右吧”这样粗略计算即可。

那么就请将相关数据填入图6-6试试看。

你的自由现金流量

每月的收入	____ 元
每月最低生活费	____ 元
每月的贷款及房租	____ 元
每月的保险费	____ 元
每月固定存款	____ 元

将以上项目加减计算后得出的数值即为你每月的自由现金流量

图 6-6

会计嗅觉

那么，各位读者，你们每月的自由现金流量是多少呢？

若自由现金流量为正值，今后只需努力增加数额即可。若自由现金流量为负值，那就有必要让其转负为正。

可能有些人会说“计算出的自由现金流量明明是正值，可每个月的钱却所剩无几”，我想一定是你在什么地方胡乱花钱了，应该仔细想想是否在额外机动消费上大量挥霍金钱了。

与之相反，那些“自由现金流量为负值，每个月生活却不是那么辛苦”的人，他们很有可能是因为借了钱，或消耗了储蓄，或是依赖了别人的帮助。但这样的生活不会持续太久，所以应尽早调整收支，使自由现金流量转负为正。

如上所述，**从宏观角度把控收支情况才是那些忙碌的工薪阶层所追求的“会计嗅觉”**。

第 6 章小结

何为现金流量

- 现金流量 = 现金的流动。
- 现金流量状况好：拥有大量现金。
- 现金流量状况不好：缺少现金。
- 现金流量的理念：即从“现金的流动情况”来分析问题。例如，不断思考如何才能始终持有现金；为了不断改善资金运转情况要时刻留意现金的收支情况。

信用卡的奥秘

- AA 制金融 = AA 制支付费用时重复利用信用卡结算，可以实现无息长期借贷。
- 使用信用卡结算时，个人无须支付利息，而是由店方向信用卡公司支付手续费。

现金流量受重视的原因

- 越来越多的公司开始更加重视现金流量而非利润。
- 现金流量只以现金作为评判标准，而利润则是将无形的债务等也纳入考量范围。
- 有钱和赚钱完全是两码事。
- 只有从“利润视角”“现金流量视角”等多重视角、多重指标来考量，才能正确把握公司的经营状况。

个人最应该重视的指标是“自由现金流量”

- 自由现金流量 = 可自由支配的金额。
- 通过自由现金流量可以洞悉公司的中长期发展态势。
- 个人自由现金流量 = 从收入中扣除生活费、保险费等基本生活开支之后的余额。
- 保持自由现金流量始终为正数非常重要。

把握整体情况尤为重要

- 在会计分析过程中，以 1 元为单位的计算毫无意义，重要的是从宏观上把握整体情况。
- 在家庭收支上也是从宏观出发把握整体情况最为重要。

  →这也是那些忙碌的工薪阶层所追求的“会计嗅觉”。

第7章

不擅长数学没关系，对数字敏感就行

对数字的敏感度

跨越数字的障碍

那些认为自己不擅长会计的人，常常声称“是因为自己原本就对数字不敏感”。

不可否认，数字在会计学中是至关重要的。无论是利润、周转率、现金流量还是财务报表，全都与数字有关联。对于那些讨厌数字的人来说，实在没有比这更痛苦的事了。

但希望各位读者不要误解，学习会计并不代表一定要擅长数学，“对数字是否敏感”才是关键。

只要拥有“对数字的敏感度”，那么对会计中出现的大串数字也就会应用得得心应手了。

在最后这一章，我将在揭秘“什么是对数字的敏感度”的同时，具体谈谈即便不擅长数学也可以运用会计学分析问题。

希望通过本章的讲解，那些讨厌数字的人也可以跨越“数字的障碍”。

每 50 人中一人免费

优惠大酬宾

现在，只要您购买 × ×，我们会在 50 人中抽取一位幸运顾客，费用全免，惊喜活动火热进行中！

走过路过不要错过！！

那么，问题来了

对于上述宣传广告，你怎么看？

“要是能被抽中免费那就太幸运了！”

“50 人中只有 1 人被抽中，太难了！”

“我倒觉得 50 人中抽一个还蛮好中的！”

每个人的想法都各不相同。

但那些对数字敏感的人绝不会这么想的。

在这种情况下，对数字缺乏敏感度的人只会想到“能否被抽中免单”。他们无法抵挡“免费”这一词语的诱惑。

当然，也有人认为“广告宣传的就是免费，将注意力集中到免费上也是人之常情”。

但是，商家在免费这一点上却并不是太在意。

也许你会反问到“这次活动就是优惠大酬宾，抽中就免单，商家怎么可能不在乎呢”。

关键就在于这个“商家”。

想必那些脑子比较敏锐的人已经注意到了，若站在“商家的角度”来考虑的话，“免费”并非那么重要。

下面就给大家公布答案。

“50 人中抽取 1 人”即为“100 人中抽取 2 人”。换算为百分比则为 2% 的减免比率。从商家的角度来看，等于打了 2% 的折扣。

是的，换言之，“50 人中有 1 人中奖”和“降价 2%”基本等同。在当今社会，“消费税返还”“7 ~ 9 折优惠”早已司空见惯，不足为奇，商家只对外宣传“降价 2%”是无法吸引消费者的。

所以，只是转换一种说法，称“每 50 人中抽取一人免费”，顿时就让广告增色许多。

这也许是因为“免费”一词太过诱人。我们的大脑中已经形成了“免费 = 获利”的惯性思维。但是静下心来想一想便可得知，**这只不过是把并无太大优惠的活动换了一种说法而已。**

何为数字敏感度

通过能否立刻反应出“这只不过是换了一种说法而已”，便可判断出此人是否对数字敏感。

换言之，看到上述广告之后，如果能瞬间识破“50 人中抽取一人，相当于 100 人中抽取 2 人，中奖率仅为 2%，即等于降价 2%”这一本质，那么这个人就是对数字敏感的人。

不被“免费”这一词语冲昏头脑，**能够准确地运用数字加以分析，这就是对数字的敏感度**。若拥有这一敏感度，便可清晰地判断出“还是去买降价 5% 的东西更加划算”，然后做出明智的选择。

这是日本全日空曾推出的“愉快乘机，优惠大酬宾”活动，该项活动的策划者是对数字相当敏锐的人。在机场售票处，每天确实会抽取出数百名“中奖者”（假设一架飞机定员 200 人，一天有 100 次航班，那么便有 200 ÷ 50 × 100 = 400 人中奖）。经过目睹了中奖场面人的口口相传，这次优惠活动的消息更加广泛地传播开来，很多人都放弃了其他航空公司而投入了全日空的怀抱。据悉，此次活动给全日空带来的直接经济

效益多达上亿元。不用多说，这种方法带来的经济效应远远超过那种所有顾客都可享受到“降价 2%”的活动所带来的利润。

你不擅长数学吗

先不提数字敏感度，我们都听说过“擅长数学”或“不擅长数学”等表达方式。作为一名审计师，也经常会有人对我说“您很擅长数学，我却完全不行”。那么，这里的“擅长”“不擅长”究竟是指什么呢？

也许在多数人的眼中，所谓“擅长数学的人”是指那些能够轻易解开方程式，能够心算出 AA 制每人付多少金额的人，即对数学得心应手的人。

相反，那些简单的加减法计算还能应付，但如果遇到有难度的计算便不知所措，产生畏惧意识（抑或出现抵触反应）的人，就是所谓的“不擅长数学”的人。

若从这一点来看，我也只会简单的加减法。我一直都是文科生（大学就读于文学院历史专业），数学成绩也就是中等水平。二元方程、微积分也都学得糊里糊涂。所以，当有人称赞我擅长数学时，很是惭愧。

话说回来，审计师确实要经常和数字打交道。无论是通读财务报表还是编写报告书一定都会用到数字。但也都不会涉及求解复杂方程式、心算等。

在会计中，99%的计算只需加减乘除便可解决。另外，计算的时候一定要使用计算器。计算器是会计的三大神器之一，不可或缺。

例如，在财务分析过程中，最重要的一点就是能够进行减法和除法运算。这是因为在分析公司状况时，最重要的一点就是“与去年进行比较”。

“与去年相比营业额增长了多少”“与去年相比收益增加或减少了几个百分点”，从以上角度来分析问题至关重要。

今年的营业额 - 去年的营业额 = 增长的营业额

今年的利润 ÷ 去年的利润 ×100 = 同比去年的百分比

这里需要用到减法和除法，还涉及一点乘法。这些都是在会计工作中需要用到的。

因此可以说，对于会计来说，只需要掌握加减乘

除法即可。即便是“不擅长数学的人”也完全可以胜任会计这一职务。反之，那些“擅长数学的人”也未必能够成为优秀的会计。

对于绝大部分人来说，在日常生活中除了加减乘除，几乎不会用到其他算法。所以，即便不擅长数学也没关系，不会对生活造成困扰。

不擅长数学没关系，对数字敏感就行

因此，对于那些非数学专业的普通人来说，重要的不是“擅长数学”，而是“对数字敏感”。也就是说，无须要求自己擅长数学，只要拥有对数字的敏感度，就不会被事物的表象所迷惑。

比如，不会对免费这一词过度反应，怕自己白白错过难得的优惠活动，也不会被那些设计巧妙的数字蒙骗而重新规划自家保险等。

一般来说，策划这种活动的人都拥有对数字的超高敏感度，在数字方面能力很强。说句不太中听的话，这些人每天都在绞尽脑汁思考如何有效地将那些既不擅长数学又缺乏数字敏感度的普通大众引来“上钩”。

虽说只要对数字敏锐即可，但如何才能培养出这一能力，坦率说，我也说不太好。

虽然之前提到过通过能否准确运用数字分析问题可以判断一个人对数字是否敏感。但想必仅仅这样说还是有些不明所以。

那么，我就以我大学时代的故事为例，具体来分析一下什么是对数字的敏感度。

优秀的经营者可以看出数字中的深层含义

说起我和数字敏感度的缘分，要说到我开始学习会计之前的很多年，还是我在读大学的时候，我第一次接触到了何为数字敏感度。

年轻的时候，想必任何人都会遇到一位可以称得上“人生导师”的人物，我在大学时代就遇见了这么一位“人生导师”。

我的导师并非是犹太富豪、瑞士银行家等大人物，而是一位对我来说毫不输给这些大人物的县城补习学校的校长。

我曾经问过他“成功经营一家补习学校最重要的

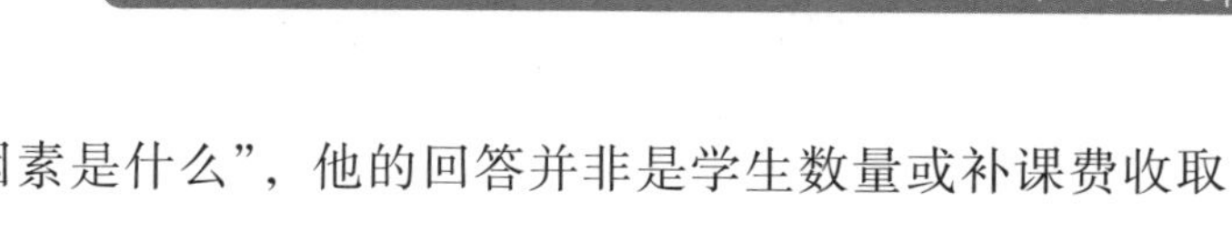

因素是什么”，他的回答并非是学生数量或补课费收取标准，也并非是教师的质量，而是“学生的安全”。

最重要的是人的生命——我从未想过会从补习学校的校长口中听到这句话。

当时我在补习班打工，大家都称呼他为“校长”。我有幸能够常常听到校长的很多高论。

一次，校长递给了我一张宣传单，问我：“这是咱们竞争对手 ×× 补习班的宣传单，你看过之后有什么感想？”

宣传单上用醒目的大字写着：“120 人成功被顶尖公立高中录取！全市共开设了 6 个补习班！”

我像模像样地回答道：“录取人数多达 3 位数确实会带来视觉冲击，开设有 6 个补习班也会让家长很放心，觉得这是一个很有规模的补习学校，并印象深刻。真不愧是大型补习班，实力就是强！”

然而，院长听后却摇了摇头。

“山田，你说得不对。120 人被录取确实很多，但平均下来每个补习班只有 20 人被录取。但咱们学校虽然只有一个补习班，却有 40 人被录取。相比之下，咱们的录取率遥遥领先。”

“……这么大规模的补习班实力也不怎么样啊。”

“而且，对方去年有5个补习班，第6个是今年新增设的，但今年的录取人数却几乎没有增长，这样看来，可以说它们水平下降了。”

这应该是我第一次接触到的数字敏感度。我也第一次懂得了什么才是真正的分析问题。

总而言之，首先要运用除法计算出平均每个单位的数量，然后再与去年的数据做对比，进行分析。

这与分析财务报表一样，是“分析的基本模式”。

应该着眼于哪项数字

关键在于把着眼点放在重要数字上，而并非把所有数字都进行除法计算，然后比较。

具体到补习班这一行业来说，那就是被录取人数和开班数。录取人数与学生总数成正比，关乎补习班的营业额预测。开班数与高额的房租及人事费用成正比，则关乎总经费的预测。

实际上，校长并不精通会计，只是从经验中悟出了这些道理。

大多数优秀的经营者即便不擅长会计，也能准确地抓住关键数字。

所谓的关键数字，是指那些对于本公司来说，会影响商品成本[43]的零部件进价和重要商品的库存量等。

分析竞争对手的经营状况时，关键数字则指对方店里商品的种类和数量、停车场汽车的数量和打工者的时薪等。

例如，对于不动产经营者来说，应该注意自己所制定的价格要与竞争公司在广告中刊登的价格相差不多，同时也要关注对方是何时开始出售的。另外，还要时刻留意对方是在开始出售多久之后刊登广告的，从中就可以判断其销售状况如何。

我在看新建公寓的宣传单时常常会关注“总户数”和“当前在销户数”。“在销户数”越多，说明未被售出的房子就越多，这也正是杀价的好机会。

总而言之，**“定期去掌握某些特殊数字”才是分析的秘诀所在。能否成功做到这一点则决定了是否拥有**

对数字的敏感度。

炒股专家不仅仅会参考日本日经平均股价指数[44]和东证股价指数[45]，还会参考一些看似与日本毫不相关的美国失业率、失业保险新申请数以及汽车销售数量等数据，这是因为在专家眼中，以上均是应该掌握的关键数字。

财务报表中所使用的数字敏感度

在看财务报表时，同样需要数字的敏感度。

例如，与去年的数字进行对比，与同行其他公司进行对比。此外，定期去掌握某些特定数字至关重要。

这里所说的某些特定数字指的是**本期净利润**[46]、**自有资本比率**[47]、**营业收入增长率**[48]、自由现金流量等。

不好一概而论地断定哪一项最重要，因为景气状况不同、公司规模大小不同，是公司内部人员还是外部人员等，不同角度分析下的关键数字是不同的。

就好比同样都是利润，想要了解自己工作状态的员工关注的应该是**营业利润**[49]，想要了解自己经营能力的总经理关注的应该是**利润总额**[50]，而关心收益状

况的投资家关注的应该是本期净利润。

因此，虽说同样是运用数字分析问题的两门学问，数学的答案基本上是唯一的，而会计学则有可能会存在多个正确答案。

由此可知，即使面对诸如像财务报表这样的数字大关也无须胆怯，只要仔细地考虑“现在对我来说最重要的数字是什么”“我应该掌握哪一个数字”即可。若不分重点地同等对待所有的数字，将无法洞悉事物的本质。所有人都认为正确的答案是不存在的。

如何培养对数字的敏感度

最后再讲述一个我曾经听到的故事。

某公司营业额为300万元，拥有正式员工3人。有一次，客户问该公司的总经理：“贵公司有多少人？”社长心想“不能让他觉得公司规模小而小瞧我们”，于是便将临时工也包含在内，回答说有7人。

然而客户则认为“平均下来，每人的业绩还不足50万元，总经理的经营能力着实令人担忧”。因此客户对贸易合同重新进行了评估。

我讲这个故事并不是要表达“说谎终究有报应”，而是想通过真实的事例来告诉各位读者缺乏对数字的敏感度会吃亏。

这不仅仅适用于经营者。

比如一位职员考虑换工作，这时一定要注意不能只看年薪多少，有时就算年薪再高，如果工作时间过长，计算出每小时的薪酬后就会发现，这样也并非很合适。

再比如有大量邮件需要回复的时候，仅看邮件的数量估计会大吃一惊。但假设有 20 封邮件，如果能精细规划每封邮件的回复时间为 10 分钟的话，那么回复工作也会比较顺利。因为实际上 20 封邮件全部回复也就只需要 3 个多小时。这里也体现了对数字的敏感度。

精明的家庭主妇每天在超市精打细算购买商品时，不经意间就表现出对数字的敏感度。

她们自然而然就会把今天的价格与前几天的价格、与其他商店的价格进行对比。在会计中，分析的秘诀就在于“定期去掌握某些特殊数字”，而主妇们的举动恰恰证明了她们已经掌握了这一秘诀。

若在购买家用电器、高档衣物等高价商品时也能充分运用这一能力，应该可以节约不少钱。

若想拥有对于数字的感知能力，首先要从最初的一步开始，时刻留意生活中“微不足道的数字”。数字不仅仅是符号，**一切数字的背后都蕴藏着深刻意义**。若能领会其中的意义，自然而然便会拥有对数字的感知能力。

所以，不用害怕财务报表里会计学的数字。

日常生活中要养成习惯，常常思考“这个数字有什么含义”“哪个数字对我来说是有意义的”。这样一来，对满是数字的会计学的抵触感也会渐渐消失。

这样才能够真正地跨越数字的障碍。

第 7 章小结

你对数字敏感吗

- 对数字的敏感度 = 是否能正确运用数字分析问题。
- 即便不擅长数学，只要对数字敏感，便能够运用会计学解决问题。
- 会计学中 99% 的计算只涉及加减乘除。
- 一定要使用计算器（计算器是会计师的三大神器之一）。

如何依据数字进行分析

- 分析公司的经营状况时最重要的是与去年进行对比。
- 分析的基本模式：首先运用除法计算出平均每个单位的数量，然后再与去年的数据进行对比，由此判断公司的经营状况。
- 分析的秘诀：定期掌握某些特定的数字。
- 优秀的经营者即便不擅长会计也能准确抓住关键的数字。
- 情况或立场不同，所必须掌握的关键数字也不同。
- 若不分重点，同等对待所有的数字，将无法洞悉事物的本质。

如何培养对数字的敏感度

- 时刻留意生活中那些“微不足道的数字”。
- 领会每个数字背后蕴含的意义。

结束语

普通人学习“会计”的意义

“会计”还将不断发展

会计是随着人类商业活动的发展而不断发展完善的学科。人们想记录贸易往来，想明晰业务情况等的需求使会计这门学科逐渐形成。

从技术层面来说，原本的“会计”是在账本上将每天贸易往来的情况记录下来。随着复式记账法的引入，会计实现了飞跃性的发展，从而形成了现在的“会计”。

会计的出现帮助我们轻而易举地洞悉到了那些无形的事物。

无形之物指“利润”（营业额扣除成本后的余额）或“所有者权益”（资产扣除债务后的余额）等概念，通常通过差额来表现。比起仅仅通过有形的数字去分析判断业务情况，从“利润”和“所有者权益”等概念的角度去思考问题会大幅提升分析处理信息的能力。

换言之，借助“利润”和“所有者权益”这样的概念，可以清晰地把握公司的运营状况，同时可以把本公司与其他公司放在同一标准下进行比较。

当然，在会计学完善到这一步之前，我们的先人也曾绞尽脑汁反复尝试，如何才能将所有贸易往来全部记录下来？如何才能将公司的经营状况一丝不漏全体现出来？

现如今，会计不仅是把握公司现状以及判断公司盈亏的手段，也是预测公司未来（长期经营规划等）最主要的工具。同时，在诸如“如何将无法用金钱衡量的价值用数据体现出来”“如何能确保预测未来的数字更为准确”等问题上，会计学也得以有效运用。

是的，会计的发展仍在继续，从未停止。

会计思维方式的本质

读完这本书，您是否感觉与会计的距离拉近了一些呢？对于会计的本质是否也有所了解了呢？

所谓“会计思维方式的本质”是指将无形的事物转化为具体的数字，使其可视化（如“利润”“机会成本”

等），抑或是从不同角度分析问题，使问题更加浅显易懂（如“多样化经营”“周转率”等）的一种思维方式。

也就是说，**会计就是一门不断探索如何准确把握事物本质的学科**。本书各个章节的故事展现的就是会计学中的部分成果。

阅读各章小结就可以得知，会计的研究对象不仅仅是商业，我在前言中也提到过，它还运用在包括与日常生活息息相关的对现金收支、盈亏情况的判断，以及人生规划（life planning）等方面。会计就在我们身边，掌握了会计，我们的生活将会更加便利。

我已接触会计多年，在这期间学习到了很多知识。由于掌握了会计思维，不仅能准确把握公司的发展情况，同时，在日常生活中也能通过各种方法更加简单而具体地应对问题。

这正是本书想要传递给读者的主旨，也是普通人学习会计的意义所在。

真心希望各位读者能够了解“会计思维的本质”，以给您的工作和生活带来帮助。因为会计是被著名文豪歌德赞誉为“巅峰艺术”的人类的智慧结晶。

后记

大约在两年前，我和光文社新书出版社的一位朋友聊天时，他曾问我：

“山田老师，可不可以写一本书让普通人也能亲近会计？”

“为什么这么说呢？”

“美国的孩子从小就接受商业教育，会计作为基本常识也是学习的内容之一，而在日本，只有那些商科高中和大学商学院的专业学生才会学习。我觉得有必要在日本更多地推广会计学知识。”

“但会计类书籍销路都不太好啊！”

“日本发行的会计入门书籍全都是些不具备专业知识就读不懂的。我希望能有一本难度适中，适合普通人阅读的会计学书籍。”

虽这么说，但我始终认为编写一部适合普通人阅读的会计学书籍绝非易事。不知不觉中时间就这样过

去了一年。

突然有一天，一位朋友问了我这样一个问题：

“我家附近有一家店，平时几乎没有客人，却一直在营业，你知道为什么这家店一直不倒闭吗？”

我问他为什么会问我，他回答道：“因为你是注册会计师啊，你是专家，对这种事肯定了如指掌。”

这是一个天大的误解。就算是会计学专家，也不可能对全国所有公司的情况都了如指掌。

不过朋友的问题让我突然豁然开朗。对呀，细细想来，不论多小的公司都需要会计，而我可以运用审计过程中积累的经验来进行推理分析。如果是那样，我确实是能够分析出这家小店何以不破产的，我也能够通过将自己的分析推理过程分享给别人，也就能够让普通人对会计有所了解。

这正是撰写本书的出发点。

本书编写得是否成功全由各位读者来评判，如果能激发起你对会计的兴趣，哪怕是一点点，对于我来说就足够了。

会计的世界广阔无比。想读懂财务报表的读者就建议你学习“财务报表分析”；想掌握记账知识的读者就建议您学习“财务会计”；想加强会计学知识的读者，那么就建议您学习专业的“会计学”。

读过本书之后，如果还能再阅读上述不同方向会计书籍的话，我想您对会计的认识会进一步加深。

会计是一面能够反映公司状况的镜子，公司的经营活动状况也能通过会计中的数字如实反映出来，因此会计学和管理学密不可分。此外，通过所有的数字分析问题，这也说明会计学与统计学异曲同工。

会计学、管理学、统计学。

我认为这三门学科将会成为未来商务人士的必备知识，不知各位读者对此有何想法呢？

至少你能以这本书为基础，由此去学习专业的会计学知识。

掌握会计相关知识并非易事，而一旦掌握，必将会有所帮助。希望各位读者能够努力学习，不断挑战。

最后是特别鸣谢。

特别感谢光文社新书编辑部的柿内芳文先生，感

谢他对本书所付出的大量的编辑工作和所提供的大量实例。柿内芳文先生对会计一窍不通，但本书可以说全都是因为我与柿内芳文先生所进行的交谈才得以问世的。

同时还要感谢启蒙了我数字敏感度的兵库县加古川市武藏学院预备校、给予我诸多宝贵意见的各位注册会计师、税务师以及在我的官方网页“山田真哉工作室”上给我留言并帮着我确定本书标题的各位读者，在此对以上各界人士表示衷心感谢。

最后，向阅读本书的读者们表示最诚挚的谢意，谢谢各位！

山田真哉

一句话解读会计术语

［1］利润

企业活动中产生的收益，是在原来资本（本钱，或称所有者权益）上附加产生的新的价值。

→赚得的部分。

［2］审计

本书中指注册会计师审计，即对特定经济体的财务报表及财务资料进行审查的一项工作。通过研究与该业务相关的各种资料判断报表内容填写是否准确，在有合理依据的前提下进行判断，并将结论进行总结汇报。

→第三方进行审查的行为。

［3］注册会计师（又称“审计师”）

通常指会计师事务所从事审计业务的人。通过注册会计师考试的，可对企业财务报表签发审计意见的，为注册会计师。

→日本约有 2 万人。

［4］财务报表

记载企业经营业绩和财务状况的会计报告书。财务报表需要定期编制，主要包括资产负债表、利润表、现金流量表。

→财务报表一般只有几页，加上注释后长达几十页。

[5] 法人

法律上具有权利义务的、自然人以外的主体。出于一定目的而结合的自然人集团或财产，被赋予法律人格（权利能力）。

→即指公司。

[6] 现金

货币或随时可兑换货币的支票、银行承兑汇票、到期的公司债券息票、股息红利收据等。

→金钱。

[7] 现金流量表

将资金范围限定为现金或现金等价物，从收支原因的角度记录一个会计年度内资金收支情况的报表。

→可了解资金的收支情况。

[8] 赊账

对商品买卖中产生的货款在一段时间后再进行结算的交易行为，是信用交易的一种。

→对于卖方是赊销，对于买方是赊购。

[9] 票据

规定在某一时期、某一场所，支付一定金额的有价证券。

→承诺在将来付款的证据信物。

[10] 销售额（营业额或收入）

由商品、产品销售获得的货款总额。

→通过提供商品和服务获得的资金。严格意义上说，会计学称之为“营业收入”。

[11] 开销

一般指实施某件事时需要的费用。会计学上指生产成本中的材料费、人工费以外的成本要素，包括折旧费、存货盘亏、租赁费、维修费、电费、差旅费等。

→材料费、人工费以外的各种费用。

[12] 费用

为做某事而需要的资金，包括企业为进行生产所消耗的费用以及借贷资金的利息等。

→收入 - 费用 = 利润。

[13] 初期投资

为达成某一目的，事前投入的资金和人力、物力。

→要开始某项事业时需要的资金，包括店面租金、装修

费、购买备用品的费用等。

[14] 收益

企业通过销售产品或提供劳务而获得的等价报酬，是利润的源泉——营业收入等的总称，包括营业收入、收取的手续费和利息等。

→除营业收入之外，收益还包括抛售股票获得的利润以及存款利息等。

[15] 开支

为达成某一目的而支付自己持有的资金。交付的现金或现金等价物。

→支付金钱。

[16] 收入

从他人处获得资金并成为自己所有物，指接受的现金或现金等价物。

→获得金钱。

[17] 合并财务报表

将类似于母公司和子公司这样处于从属关系的两家以上企业组成的企业集团作为统一的组织机构，由母公司统一编制合并财务报表。

→包括子公司在内的财务报表。

[18] 内幕交易

能掌握或获得与公司领导、员工等相关的重要内部信息的人，利用这些未公开信息买卖本公司股票以获得不正当利益或规避损失的非法行为。由于侵害了一般投资者的利益，该行为被《证券法》明令禁止。

→在知晓企业机密的前提下进行关联股票买卖的行为。

[19] 分红（利润分红）

公司将经营活动中获得的利润，根据股东持有的股票数量给予股东的利润分配额。

→平分利润。

[20] 不良债权

由于债务人破产或业绩恶化产生的基本无法收回的债权。在会计学中称为呆账。

→无法收回的债权。

[21] 不良库存

由于损耗和质量下降等原因造成的具有物质性缺陷的存货资产，以及因腐烂、老旧等原因产生的经济性缺陷的存货资产。

→无法使用的库存。

[22] 库存（存货）

企业所持有的、以直接或间接销售为目的的资产。

→一般称为库存，但在会计用语中称“存货”。

［23］资金筹措

当买卖的交易和资金的出入产生时间差时，需要对资金进行相应调节的行为。

→筹集资金。

［24］损失

资本中本应该在创收上发挥作用而未能发挥作用的损耗的部分，是无法带来利润的纯资产减少的原因。也包括火灾损失、气候灾害以及水灾带来的损失。

→损失、负利润。

［25］存货盘亏

账面盘存算出的账面结存数大于实际盘存算出的实际结存数的情况。

→库存（存货资产）的损坏、丢失造成的损失。

［26］机会成本

原本采取某一行动就可以获得利润，由于未采取该行动而失去这笔预想中的利润。

→失去原本可以盈利的机会，即错过、错失赚钱的机会。

［27］供应链管理

运用信息技术（IT），对接订单和对外订货、调集原材料、管理库存、配送货物等经营活动进行从上游至下游全过程的综合管理的经营方法。可减少不需要的库存，降低成本。

→其作为企业重组的一个环节非常流行。

[28] 按订单生产

从接受订单时开始，按照订货方所要求的标准进行产品生产的体制。

→接受了订货的生产。

[29] 财务会计

《会计法》《证券法》《企业会计准则》等法律法规中所界定的会计的总称。

→法律法规规定的会计。管理会计则适用于公司内部（如预算等）。

[30] 簿记（记账）

特定经济主体在账簿上记录、计算、整理所有财产变动的方法。

→“账簿记录”的简称。

[31] 资产

能给企业经营活动带来直接或潜在经济效益，并且可以换算成货币的资源。可分为有形资产、无形资产等多种形态。

→不一定是实物。

[32] 负债

企业现在和将来的经济负担，可用货币进行合理换算。有短期借款、应付票据、应付账款、应付债券等多种形式。

→不仅是借款。

[33] 所有者权益

公司所有资产中属于股东的份额。资产 – 负债 = 所有者权益。

→公司的无形根基。

[34] 借款

打借条借钱。

→借钱。

[35] 账簿

为了掌握金钱与物品的出入，用于登记业务必要事项的账册。

→会计笔记本。

[36] 资本金

股东投入的资本中，按照公司法规定显示为“资本金”（会计中通常记入“实收资本”）的金额。

→判断公司规模的依据。

［37］资不抵债

资产负债表中负债总额超过资产总额的状态。

→由“资产－负债＝所有者权益”可知，负债过多则所有者权益为负，会失去信用。

［38］周转率

计算一定期间内资金及财产的流转情况，分析资产运用效率的指标之一。

→表示在一定期间内，投资额回收了多少的比率。在餐饮店，周转率常用来表示一天内能接待多少顾客。

［39］应收账款

企业销售商品、产品或提供劳务所产生的营业利益中的未收款项。

→一般称“赊销金额”。

［40］现金流量

制作现金流量表时所涉及的基本概念，是资金概念的形态之一，指资金的流动状况，也指资金的增减情况。

→现金的流动。

［41］预收账款

提前收取的属于客户或员工的钱时所显示出来的债务项目。

→由于不是自己所有的财产，故不属于“资产”，而是“负债”。

[42] 自由现金流量

从企业所赚取的利润资金中扣除企业持续生存所需营运资金后所剩余的资金。

→可自由支配的金额。

[43] 成本

在利润计算中按照现在和未来有可能发生的消极因素前提下的支出计算出来的财物与劳务的数额。

→花费在商品、产品上的费用。

[44] 日经平均股价指数

在日本东京证券交易所交易的 225 家公司股票的股价指数。

[45] 东证股价指数

东京证券交易所将基期 1968 年 1 月 4 日的市价总额定为 100 点，从而计算当前市价总额的指数。股票市值可反映公司资产规模的变化。

[46] 本期净利润

在一定期间内企业的经营业绩或收益情况。

→最终的利润。

[47] 自有资本比率

自有资本（所有者权益）占资本总额的比率，用来判断资本结构是否合理。

→自有资本比率 = 自有资本（所有者权益）÷ 资本总额，是反映公司安全性的最基本的指标。

[48] 营业收入增长率（增收率）

反映收益增长的比率。“营业收入增长率 =（今年的营业额 – 去年的营业额）÷ 去年的营业额”。

→可反映公司收益增长情况。

[49] 营业利润

企业主体业务活动所产生的利润。

→从营业额中扣除进货成本、员工薪水等之后剩余的金额。

[50] 利润总额

将公司经营过程中产生的不可避免的营业外收入、财务活动等考量在内而计算出的利润。

→从营业利润中扣除卖掉股票的损益以及借款的利息等之后所得的金额。

推荐阅读

让数字说话：审计，就这么简单

作者：孙含晖（金十七）王苏颖 阎歌 ISBN：978-7-111-53081-7 定价：45.00元

深入浅出，将枯燥的审计化繁复为轻简、化严肃为活泼、化枯燥为有趣，豆瓣评分9.0。

"偷懒"的技术：打造财务Excel达人

作者：罗惠民 钱勇 ISBN：978-7-111-48594-0 定价：69.00元

从数据管理理念、Excel技巧到实操应用，本书贴近实务、"用户友好"、不落俗套。

全面预算管理：让企业全员奔跑

作者：温兆文 ISBN：978-7-111-50855-7 定价：59.00元

作者从其500强企业工作实践出发，总结出一套"洋为中用"的预算理念和方法，配以模拟案例。

500强企业财务分析实务：一切为经营管理服务

作者：李燕翔 ISBN：978-7-111-49495-9 定价：49.90元

基于财务报表，跳出数据框架，深入了解业务运营，做好业务伙伴。

IPO财务透视：方法、重点和案例

作者：叶金福 ISBN：978-7-111-45115-0 定价：39.00元

主板、创业板发审委委员推荐；4个维度阐释IPO财务规则；典型案例解析首发成败原因。

门口的野蛮人：史上最强悍的资本收购

作者：（美）布赖恩•伯勒 约翰•希利亚尔 ISBN：978-7-111-31494-3 定价：52.00元

《纽约时报》畅销书，再现了华尔街历史上最著名的公司争夺战——对美国雷诺兹-纳贝斯克集团的争夺，揭露商业与金融世界的潜规则。

会计极速入职晋级

书号	定价	书名	作者	特点
44258	30	世界上最简单的会计书	（美）达雷尔·穆利斯	被当当、卓越读者誉为最真材实料的易懂又有用的会计入门书
50662	35	财务会计简易入门	钟小灵	言简意赅，只讲非财务人员需要了解的知识，是最节省阅读时间的财务入门书
36702	35	零基础学会计	冯鹏程	带你在最短时间内，明白搞懂会计大小事
39700	32	手把手教你做优秀出纳：从入门到精通（第2版）	出纳训练营	最好的出纳入门书，根据出纳训练营的培训讲义和学员普遍关注的问题编写而成
33466	26	手把手教你做优秀出纳：出纳工作明细手册		最好的出纳操练书，详细介绍63项出纳不可不知的工作项目和规范标准
45154	35	手把手教你做优秀出纳：实账与案例		最好的出纳实账书，案例带你学
35529	39.8	外企财务英语一本通（中英文双语）	朱秀前	日常财务工作，中英文双语讲解；实际沟通要领，仿真情景详细展示；作者是IB M财务分析师
49654	35	地道英语即学即用（第1季）	毅冰	外贸达人作品，超级有趣轻松；中央人民广播电台专业人员标准配音
38435	30	真账实操学成本核算	鲁爱民	作者是财务总监和会计专家；基本核算要点，手把手讲解；重点账务处理，举例综合演示
50070	39	如何做一名优秀财务主管	张秋利	手把手指点如何提高财务和管理技能，大量过来人经验
44783	39	跟我真账实操学会计		作者是集团财务总监，各类真账带你学
41187	39	手把手教你做优秀税务会计：从入门到精通	蓝敏	作者从事税务实务工作15年，全面讲解税务会计和纳税筹划事项
45964	39	税务稽查应对与维权		偷税是因为查到你偷税；合法是因为没查到你法。这不只是一本税务稽查书，还说了很多税务思维
40147	39	房地产税收面对面	朱光磊	作者是房地产从业者，结合自身工作经验和培训学员常遇问题写成，丰富案例
48423	25	纪小羊和她的财务管理	杨良成	详细讲述新人纪小羊毕业上岗做出纳、会计和财务经理，遇到的各类问题以及纪小羊的师傅是如何指导她顺利解决这些问题的
47318	25	纪小羊和她的会计工作		
46833	25	纪小羊和她的出纳工作		
42838	30	手把手教你做审计：从入门到精通（第2版）	夏伯年	针对审计新手开展审计工作可能会遇到的问题以及解决办法，给予手把手指导
47567	30	会计结账实务大全	胡俊	企业人总结实务，分享案例，让结账变的更正确有序
48156	35	会计新手工作实录：跟财务经理学	徐峥	20多年经验的老会计，实录方式讲解会计工作要点，手把手答疑解惑
48647	39	国际税收面对面：理论与实务	周培勇	作者是外企税务经理，手把手讲解国际税收实务，丰富案例探析相关政策和实践

财务知识轻松学

书号	定价	书名	作者	特点
45115	39	IPO财务透视： 方法、重点和案例	叶金福	大华会计师事务所合伙人经验作品，书中最大的特点就是干货多
49495	49	500强企业财务分析实务：一切为经营管理服务	李燕翔	作者将其在外企工作期间积攒下的财务分析方法倾囊而授，被业界称为最实用的管理会计书
45043	49	财报这么有趣	钟朝宏	书中案例曾获奖；教你4步学会读财报
43500	99	财务报告与分析： 一种国际化视角	丁远	作者是中欧商学院的明星教授，从信息使用者角度解读；大量应用练习
37852	49.8	财务诡计：揭秘财务史上13大骗术44种手段	（美）霍华德·M·施利特 杰里米·皮勒	财务名著，告诉你如何通过财务报告发现会计造假和欺诈
35946	68	全面预算管理：案例与实务指引（附光盘）	龚巧莉	权威预算专家，精心总结多年工作经验/基本理论、实用案例、执行要点，一册讲清/大量现成的制度、图形、表单等工具，即改即用
47755	69	玩转全面预算魔方 （实例+图解版）	邹志英	作者原为默克中国CFO，书中有许多作者亲手操作过的预算案例，大量实用工具
50885	49	全面预算管理实践	贾卒	作者拥有丰富的预算实践经验，不仅介绍原理和方法，更有59个案例示范如何让预算真正落地，附赠完整的全面预算管理表格和“经营业绩考评会”表格模板/扫描下载预算工具包
49792	39	零基础学内部审计	郑智园	内审达人经验总结，通俗讲解内审实务技能，贴心提示职业规划和审计思路
50602	49	增值：集团公司内部审计实务与技巧	梁雄	国内某大集团内审总监经验之作，十几年的经验无私分享，几百份实用工具免费下载
36351	49	公司内部审计（第2版）	叶陈云	最新的国际内部审计理论与实践方面的热点/精编内部审计实践的成功与失败案例/大量关于公司内部审计实务工作指南与工具
42845	30	财务是个真实的谎言 （珍藏版）	钟文庆	被读者誉为最生动易懂的财务书；作者是沃尔沃财务总监
48153	39	陪你学财务报表分析	叶陈云	立体式图表，把难解的问题形象地说清楚；小吃店创业故事，通盘演示财务分析核心事项
43736	30	上市公司财务报表解读：从入门到精通（第2版）	景小勇	以万科公司财报为例，详细介绍分析财报必须了解的各项基本财务知识
34618	48	财务报表阅读与信贷分析实务	崔宏	重点介绍商业银行授信风险管理工作中如何使用和分析财务信息
48166	30	非财务人员必看的会计学	穆林娟	基本概念和理论，大白话介绍；重点和难点，用大小案例辅助解析；零基础学会计
48646	69	利润：企业利润持续增长之道（附光盘）	史永翔	对影响利润的5大决策事项，用30个案例详细讲述
50412	59	中小企业融资：案例与实务指引	吴瑕	融资专家解答8大融资专题；更有32个融资案例，快速搞通融资问题
48216	59	采购成本控制与供应商管理（第2版）	周云	用实际经验剖析采购成本控制与供应商管理的关键，新增大量案例和实用工具；作者是著名生产与采购专家

推荐阅读

生活中处处蕴藏着会计的玄机，会算账的人在商业中将胜人一筹

卖晾衣杆的小贩为何不会倒：懂点会计很有必要

作者：山田真哉 ISBN: 978-7-111-54611-5 定价：35.00元

日本年度畅销书总冠军，销量高达163万册！
一本让普通人亲近的会计读物，帮助你运用会计的
思维理解日常生活中关于钱的问题，
更好地经营你的财富

卖晾衣杆的小贩为何不会倒：懂点会计很有必要（漫画版）

作者：山田真哉 绘画：前田麻纪子 ISBN: 978-7-111-54941-3 定价：35.00元

用漫画讲述了一个可丽饼小贩赚钱的故事，
帮助你了解赚钱的逻辑和关键，
培养起对数字的敏感度

爱上会计，从这套书开始

会计原来这么有趣：零基础从业篇

作者：刘海涛 ISBN: 978-7-111-54967-3 定价：35.00元

零基础会计入门的不二法宝，作者以戏说会计
的方式带你走进一个别样的会计世界。
学完本书可快速上岗、轻松考取会计从业资格证

会计原来这么有趣：中级实务篇

作者：刘海涛 ISBN: 978-7-111-54966-6 定价：35.00元

晋升会计骨干的金钥匙，学习常见的及难度较大
的业务处理，构建基本的财务管理思维。
可作为考取中级会计职称的辅助读物